大数据与会计专业教学创新发展

魏亚芳 沈净瑄 逯思思 ◎著

中国商业出版社

图书在版编目（CIP）数据

大数据与会计专业教学创新发展 / 魏亚芳，沈净瑄，逯思思著. -- 北京 : 中国商业出版社，2025. 4.

ISBN 978-7-5208-3370-7

Ⅰ. F230-39

中国国家版本馆CIP数据核字第2025RE8683号

责任编辑：郑　静

策划编辑：武维胜

中国商业出版社出版发行

（www.zgsycb.com　100053　北京广安门内报国寺1号）

总编室：010-63180647　编辑室：010-83128926

发行部：010-83120835/8286

新华书店经销

廊坊市旭日源印务有限公司印刷

*

787 毫米×1092 毫米　16 开　10 印张　151 千字

2025 年 4 月第 1 版　2025 年 4 月第 1 次印刷

定价：55.00 元

*　*　*　*

前　　言

随着经济全球化的不断深入和中国经济发展进入新常态，企业经济活动日益多元化和复杂化，特别是互联网、物联网、云计算的高速发展所带来的大数据时代，使得全球性竞争日益激烈，企业的经济环境发生改变，面临着越来越多新的挑战，人工智能时代会计基础工作将逐渐信息化、集中化、共享化、无纸化，对企业财务人员的要求也就越来越高。“互联网+”和大数据时代的到来不仅为会计人员的转型带来了新机遇，也带来了无限挑战，会计专业的教学创新发展成为时代经济发展下专业教学的一项重点工作。

在大数据技术的快速发展和广泛应用的背景下，其对会计教育的影响日益凸显。大数据技术的应用为会计教育带来了全新的挑战和机遇，需要高校对会计专业的信息化教学体系进行改革和创新。基于此，本书立足于大数据的理论基础，论述了大数据时代会计行业的发展趋势和人才培养模式、会计教学改革的新思维，继而将理论与实践相结合，阐述了大数据时代会计教学改革的实施路径和实践教学创新的内容。

大数据时代为会计专业教学提供了新的机遇和挑战。学校应积极利用大数据技术，改革和创新会计专业教学体系，培养适应时代需求的会计专业人才。通过构建适应大数据背景的教学模式、提升教学质量的方法以及强化实践教学，高校可以为学生提供更高质量的会计教育，培养出具有数据处理和分析能力的会计专业人才。本书理论与实践性内容兼具，翔实新颖，希望通过本书，可以为会计专业的教师等相关从业者提供一定参考。

目　　录

第一章　大数据概述

第一节　大数据的兴起

一、大数据产生的背景

早在远古时代人们就已经在石头、树木上记载相应的数据了，再到后来，人们开始用竹简、布帛等记载和传输数据，在这一阶段，数据的记录和传播都是非常有限的。到后来纸张出现，印刷术被发明，数据的记录和传播有了第一次长足的进步，但是此时的数据量仍旧相当小，传播速度也较为缓慢，传播范围相对狭窄，人们对数据的分析和使用十分有限。计算机和磁盘等存储介质出现后，人们记录数据和计算分析数据的能力有了质的飞跃，随着以博客、社交网络、基于位置服务为代表的新型信息发布方式的不断涌现，以及云计算、物联网等技术的兴起，数据以前所未有的速度在不断地增长和积累，至此，人们进入所谓的大数据时代。

大数据浪潮来势汹涌，与互联网的发明一样，这绝不仅仅是信息技术领域的革命，更是在全球范围内启动透明政府建设、加速企业创新、引领社会变革的利器。管理学家德鲁克曾经说过："预测未来最好的方法，就是去创造未来。""大数据战略"，则是当下领航全球的先机。

越来越多的政府、企业等机构开始意识到数据正在成为组织最重要的资产，数据分析能力正在成为组织的核心竞争力。大数据时代对政府管理转型来说是一个历史性机遇，对企业来说，海量数据的运用将成为未来竞争和增长的基础。同时，大数据也引起了学术界广泛的研究兴趣。

二、大数据的发展历程

大数据不是凭空产生的，它有自己的发展过程。大数据的发展大致分为以下三个阶段。

（一）萌芽时期（20世纪90年代至21世纪初）

1997年，美国国家航空航天局艾姆斯研究中心的大卫·埃尔斯沃思和迈克尔·考克斯在研究数据可视化时首次使用了“大数据”的概念。1998年，*Science*杂志发表了一篇题为《大数据科学的可视化》的文章，“大数据”首次作为一个专业名词正式出现在公共期刊上。

在这一阶段，大数据只作为一个概念或假设，少数学者对其进行了研究和讨论，其意义仅限于表示数据量的巨大，对数据的收集、处理和存储没有进一步的探索。

（二）发展时期（2000—2010年）

21世纪刚开始的10年，互联网行业得到了快速发展。2001年，美国高德纳咨询公司（Gartner）公司率先开发了大型数据模型。同年，麦塔集团分析师道格·莱尼（Doug Laney）提出了大数据的“3V”特性。2005年，分布式计算技术（Hadoop技术）应运而生，成为数据分析的主要技术。2007年，数据密集型科学出现，不仅为科学界提供了一种新的研究范式，而且为大数据的发展提供了科学依据。2008年，*Science*杂志推出了一系列大数据专刊，详细讨论了一系列与“大数据”有关的问题。2010年，美国信息技术顾问委员会发布了一份题为《规划数字化未来》的报告，详细描述了政府工作中大数据的收集和使用。

在这一阶段，“大数据”作为一个新名词，开始受到理论界的关注，其概念和特点得到进一步丰富，相关的数据处理技术层出不穷，大数据开始显现出活力。

（三）兴盛时期（2011年至今）

2011年，国际商业机器公司（International Business Machines Corporation，简称IBM）开发了沃森超级计算机，通过每秒扫描和分析4TB数据打破了世界纪录，大数据计算达到了一个新的高度。随后，麦肯锡全球研究院（McKinsey Global Institute，MGI）发布了大数据前沿报告，详细介绍了大数据在各个领域的应用，以及大数据的技术框架。2012年，在瑞士举行的世界经济论坛上，学者们讨论了一系列与大数据有关的问题，发表了题为《大数据，大影响》的报告，并正式宣布了大数据时代的到来。①

2011年之后大数据的发展进入了全面兴盛的时期，越来越多的学者对大数据的研究从基本的概念、特性转到数据资产、思维变革等多个角度。大数

①朱扬勇．大数据技术[M]．上海：上海科学技术出版社，2023.

据也渗透到各行各业之中，不断变革原有行业的技术，创造出新的技术，大数据的发展呈现出一片蓬勃之势。

2011年6月，麦肯锡咨询公司发布了《大数据：下一个竞争、创新和生产力的前沿领域》研究报告。研究报告中指出，数据正渗透到当今每一个行业和业务职能领域，成为重要的生产因素。各行各业海量数据的挖掘和运用，预示着新一波生产率增长和消费者盈余浪潮的到来，大数据时代已经降临。

2012年3月22日，美国政府宣布投资2亿美元发起大数据研究和发展倡议，致力于提高从大型、复杂数据中集中提取信息和知识的能力，并服务能源、健康、金融和信息技术等领域的高科技企业。

2012年4月，英国、美国、德国、芬兰和澳大利亚研究者联合推出“世界大数据周”活动，旨在促使政府制订战略性的大数据措施。

2012年5月，联合国发布了《大数据促发展：挑战与机遇》白皮书，指出大数据对于联合国和各国政府来说是一个历史性的机遇，人们如今可以使用极为丰富的数据资源来对社会经济进行前所未有的实时分析，帮助政府更好地运行经济。

2012年7月，为挖掘大数据的价值，阿里巴巴集团在管理层设立“首席数据官”一职。“首席数据官”负责全面推进“数据分享平台”战略，并推出大型的数据分享平台——“聚石塔”，为天猫、淘宝平台上的电商及电商服务商等提供数据云服务。

2012年12月，维克托·迈尔·舍恩伯格的《大数据时代》开始在国内风靡，推动了国内大数据的发展。

2013年被称为大数据元年，百度、阿里巴巴、腾讯各显身手，分别推出创新型大数据应用。同年12月，中国计算机学会发布《中国大数据技术与产业发展白皮书》，系统总结了大数据的核心科学与技术问题，推动了我国大数据学科的建设与发展，并为政府部门提供了战略性的意见与建议。

2014年4月，世界经济论坛以“大数据的回报与风险”为主题发布了《全球信息技术报告（第13版）》。报告认为，在未来几年，针对各种信息通信技术的政策会十分重要，接下来将对数据保密和网络管制等议题展开积极讨论。全球大数据产业的日趋活跃，技术演进和应用创新的加速发展，使各国政府逐渐认识到大数据在推动经济发展、改善公共服务、增进人民福祉乃至保障国家安全方面具有重大意义。

2015年8月，国务院印发《促进大数据发展行动纲要》，全面推进我国大数据发展和应用，加快建设数据强国。

2016年4月，在“2016大数据产业峰会”上工业和信息化部透露，我国将制订出台大数据产业“十三五”发展规划，以此推动我国大数据技术创新和产业发展。

2017年，工业和信息化部印发《大数据产业“十三五”发展规划》。同年5月，全国首个总体解决方案——《政府数据共享开放（贵阳）总体解决方案》通过评审，全国首部政府数据共享开放地方性法规诞生。

2018年1月，国家发展和改革委员会宣布了政务信息系统整合共享工作最新进展，已有71个部门、31个地方实现了国家共享交换平台的对接。

2019年5月，《2018全球大数据发展分析报告》显示，中国大数据技术创新能力有了显著的提升。

2019年9月，大数据产业生态联盟联合赛迪顾问公司发布《2019中国大数据产业发展白皮书》，指出2018年中国大数据产业规模为4384.5亿元。

2020年，伴随着国家部委有关大数据行业应用政策的出台，国内的金融、政务、电信、物流等行业中大数据技术应用的价值不断凸显。同时，随着我国大力发展数字经济，推进数字中国建设，大数据产业将迎来高速发展期。

2022年，中国数据产量为8.1ZB，占全球数据总产量的10.5%，排名世界第二。预计到2024年，中国的数据产量将增至10.6ZB，显示出数据量的持续增长。

2024年，中国政府高度重视大数据产业的发展，出台了一系列政策以推动大数据产业的创新和应用，如《工业领域数据安全能力提升实施方案（2024—2026年）》《“数据要素×”三年行动计划（2024—2026年）》《数字中国建设整体布局规划》等。这些政策旨在促进数据资源的开放共享和加强数据安全保护，为大数据产业的发展提供了良好的政策环境。

第二节 大数据的概念和特征

大数据指的是无法在规定时间内用现有的常规软件工具对其内容进行抓取、管理和处理的数据集合，通常指10TB以上规模数据。

实际上，现在我们所谈到的“大数据”不仅仅指数据，而是更多地将它归结为一种大数据技术。一般认为，大数据主要具有以下四个方面的典型特征，即大量（volume）、多样（variety）、高速（velocity）和价值（value），即所谓的“4V”。

一、数据体量大

从数据量上我们就可以看到大数据的庞大规模，以淘宝为例，5亿用户，8亿件商品，每天20亿成交量；从数量级来看，由MB到ZB进行了“银河系”的跨越。人类进入信息社会以后，数据以自然方式增长，其产生不以人的意志为转移。从1986年开始到2010年的20多年时间里，全球数据的数量增长了100倍，今后的数据量增长速度将更快，我们正生活在一个“数据爆炸”的时代。今天，世界上只有25%的设备是联网的，大约80%的上网设备是计算机和手机，而在不远的将来，将有更多的用户成为网民，汽车、电视、家用电器、生产机器等各种设备也将接入互联网。随着Web2.0和移动互联网的快速发展，人们已经可以随时随地在博客、微博、微信朋友圈等平台上发布各种信息。以后，随着物联网的推广和普及，各种传感器和摄像头将遍布我们工作和生活的各个角落，这些设备每时每刻都在自动产生大量数据。①

综上所述，人类社会正经历第二次“数据爆炸”（如果把印刷在纸上的文字和图形也看作数据的话，那么，人类历史上第一次“数据爆炸”发生在造纸术和印刷术发明的时期）。各种数据产生速度之快、产生数量之大，已经远远超出人类可以控制的范围，“数据爆炸”成为大数据时代的鲜明特征。根据国际数据公司（Internet Data Center），IDC）做出的估测，人类社会产生的数据每年都在以50%的速度增长，也就是说，每两年约增加一倍，这被称为“大数据摩尔定律”。这意味着，人类在最近两年产生的数据量相当于

①张伟，高杨，冯健．大数据应用研究[M]．成都：四川大学出版社，2023.

之前产生的全部数据量之和。近年来，数据规模呈几何级数高速增长。据IDC的报告，2030年全球数据存储量将达到2500ZB。

二、数据类型多

大数据包括结构化、半结构化和非结构化数据，非结构化数据逐渐成为数据的主要部分。IDC的调查报告显示，企业中80%的数据都是非结构化数据，这些数据每年都呈指数式增长。

（一）结构化数据

结构化数据简单来说就是数据库，也称作行数据，是由二维表结构来逻辑表达和实现的数据，严格地遵循数据格式与长度规范，主要通过关系型数据库进行存储和管理。结构化数据标记，是一种能让网站以更好的姿态展示在搜索结果当中的方式，搜索引擎都支持标准的结构化数据标记。

结构化数据可以通过固有键值获取相应信息，且数据的格式固定，如RDBMS数据。结构化数据最常见的就是具有模式的数据，结构化就是模式。大多数技术应用都是基于结构化数据。

（二）半结构化数据

半结构化数据和普通纯文本相比具有一定的结构性，但和具有严格理论模型的关系型数据库的数据相比更灵活。它是一种适用于数据库集成的数据模型，也即适用于描述包含在两个或多个数据库（这些数据库含有不同模式的相似数据）中的数据。它是一种标记服务的基础模型，用于在Web上共享信息。半结构化数据模型的主要特点是具有灵活性。比较特别的是，半结构化数据是“无模式”的。更准确地说，该类数据是自描述的。它携带了关于其模式的信息，并且这样的模式可以随时间在单一数据库内任意改变。

这种灵活性可能使查询处理更加困难，但它给用户提供了显著的优势。例如，可以在半结构化数据模型中维护一个电影数据库，并且能如用户所愿地添加类似“我喜欢看此部电影吗？”这样的新属性。这些属性不需要所有电影都有值。

因为我们要了解数据的细节，所以不能将数据简单地组织成一个文件按照非结构化数据处理，而且由于结构变化很大，所以也不能够简单地建立一张表和它对应。半结构化数据可以通过灵活的键值调整获取相应信息，且数据的格式不固定，如JSON格式，同一键值下存储的信息可能是数值型的，可能是文本型的，也可能是字典或者列表。

相较于结构化数据，半结构化数据的构成更为复杂和不确定，从而也具有更高的灵活性，能够适应更为广泛的应用需求。其实，用半模式化的视角看待数据是非常合理的。没有模式的限定，数据可以自由地流入系统，还可以自由地更新，这更便于客观地描述事物。在使用时，模式才应该起作用，使用者想获取数据就应当构建需要的模式来检索数据。由于不同的使用者构建模式的不同，数据将最大化地被利用。这才是最自然地使用数据的方式。

（三）非结构化数据

非结构化数据是与结构化数据相对的，不适于由数据库二维表来表现，包括所有格式的办公文档、XML、HTML、各类报表、图片和音频、视频信息等。支持非结构化数据的数据库采用多值字段和变长字段机制进行数据项的创建和管理，广泛应用于全文检索和各种多媒体信息处理领域。

非结构化数据不可以通过键值获取相应信息。随着"互联网+"战略的实施，将会有越来越多的非结构化数据产生，据预测，非结构化数据将在所有数据中占据70%以上。结构化数据分析挖掘技术经过多年的发展，已经形成了相对成熟的技术体系，而非结构化数据没有限定结构形式，表示灵活，蕴含了丰富的信息。综合来看，在大数据分析挖掘中，掌握非结构化数据处理技术是至关重要的。

非结构化数据处理的挑战性问题在于语言表述的灵活性和多样性，具体的非结构化数据处理技术包括：①Web页面信息内容提取；②结构化处理（含文本的词汇切分、词性分析、歧义处理等）；③语义处理（含实体提取、词汇相关度、句子相关度、篇章相关度、句法分析等）；④文本建模（含向量空间模型、主题模型等）；⑤隐私保护（含社交网络的连接型数据处理、位置轨迹型数据处理等）。

这些技术涉及面较广，在情感分类、客户语音挖掘、法律文书分析等许多领域都有广泛的应用价值。

如此类型繁多的异构数据，对数据处理和分析技术提出了新的挑战，也带来了新的机遇。传统数据主要存储在关系型数据库中，而在类似Web2.0等应用领域中，越来越多的数据开始被存储在非关系型数据库中，这就必然要求在集成的过程中进行数据转换，而这种转换的过程是非常复杂和难以管理的。传统的联机分析处理（OLAP）技术和商务智能工具大都面向结构化数据，在大数据时代，用户友好的、支持非结构化数据分析的商业软件将迎来广阔的市场发展空间。

三、处理速度快

大数据时代的数据产生非常迅速。在Web2.0应用领域，在1分钟内，新浪可以产生2万条微博，Twitter可以产生10万条推文，苹果可以下载4.7万次应用软件，淘宝可以卖出6万件商品，人人网可以发生30万次访问，百度可以产生90万次搜索查询，Facebook可以产生600万次浏览。大名鼎鼎的大型强子对撞机（LHC），大约每秒产生6亿次的碰撞，每秒生成约700MB的数据，有成千上万台计算机分析这些碰撞。

大数据时代的很多应用，都需要基于快速生成的数据给出实时分析结果，以用于指导生产和生活实践，因此，数据处理和分析的速度通常要达到秒级响应，这一点和传统的数据挖掘技术有着本质的不同，后者通常不要求给出实时分析结果。

为了实现快速分析海量数据，新兴的大数据分析技术通常采用集群处理和独特的内部设计。以谷歌公司的Dremel为例，它是一种可扩展的、交互式的实时查询系统，用于只读嵌套数据的分析，通过结合多级树状执行过程和列式数据结构，它能做到几秒内完成对万亿张表的聚合查询，系统可以扩展到成千上万的CPU上，满足谷歌上万用户操作PB级数据的需求，并且可以在2～3秒内完成PB级数据的查询。

对于大数据应用而言，必须在1秒内形成答案，否则处理结果就是过时和无效的。实时处理的要求是大数据应用和传统数据仓库技术的关键差别之一。

四、价值密度低

存储和计算PB级的数据是需要非常高的成本的，大数据虽然看起来很便利，但是价值密度却远远低于传统关系型数据库中已经有的那些数据。曾有人说：“如果用石油行业来类比大数据分析，那么在互联网金融领域甚至整个互联网行业中，最重要的并不是如何炼油（分析数据），而是如何获得优质原油（优质元数据）。”在大数据时代，很多有价值的信息都是分散在海量数据中的。虽然大数据价值密度低，但其商业价值高。以小区监控视频为例，如果没有意外事件发生，连续不断产生的数据都是没有任何价值的，当发生偷盗等意外情况时，也只有记录了事件过程的那一小段视频是有价值的。但是，为了能够获得发生偷盗等意外情况时的那一小段宝贵的视频，我们不得不投入大量资金购买监控设备、网络设备、存储设备，耗费大量的电能和存储空间，以保存摄像头连续不断传来的监控数据。

第三节 大数据的关键技术

大数据技术，是指伴随着大数据的采集、存储、分析和应用的相关技术，是使用非传统的工具来对大量的结构化、半结构化和非结构化数据进行处理，从而获得分析和预测结果的一系列数据处理和分析技术。

学习大数据，需要首先了解大数据的基本处理流程，包括大数据采集、管理、计算、分析挖掘等环节。

一、大数据采集技术

大数据采集是大数据生命周期中的第一个环节，一般通过RFID、传感器、社交网络、移动互联网等方式获得各种类型的结构化、半结构化及非结构化的海量数据。

大数据采集技术就是对这些数据进行ETL操作，通过对数据进行提取、转换、加载，最终挖掘数据的潜在价值，然后提供给用户解决方案或者决策参考。ETL，是“extract transform load”的缩写，是指数据从来源端经过提取（extract）、转换（transform）、加载（load）到目的端，然后进行处理分析的过程。用户从数据源提取出所需的数据，经过数据清洗，最终按照预先定义好的数据模型，将数据加载到数据仓库中去，最后对数据仓库中的数据进行分析和处理。由于采集的数据错综复杂，对不同种类的数据进行数据分析，必须利用提取技术对复杂格式的数据进行提取，从数据原始格式中提取（extract）出我们需要的数据，这里可以丢弃一些不重要的字段。对于提取后的数据，由于数据源头的采集可能存在不准确性，必须进行数据清洗，对不正确的数据进行过滤、剔除。针对不同的应用场景，对数据进行分析的工具或者系统也会有所不同，我们还需要对数据进行转换（transform）操作，将数据转换成不同的格式，最终按照预先定义好的数据仓库模型，将数据加载（load）到数据仓库中去。

二、大数据管理技术

采集到海量数据，并对其进行了提取、转换后，再对其进行高效的存储是大数据生命周期中的第二个环节。数据存储作为大数据的核心环节之一，可以理解为对既定数据内容进行归档、整理和共享的过程。自磁盘系统问世以来，数据存储已经走过了近百年的历程。对于存储，计算机就像我们的大脑一样，两者都可以拥有短期记忆和长期记忆，例如，大脑通过前额叶皮层来处理短期记忆，而计算机则利用RAM（随机存取存储器）来处理短期记忆。大脑和计算机都需要在清醒的状态下处理并记住事务，并在工作一段时间后会感到疲倦。大脑在睡眠时会将工作记忆转换为长期记忆，而计算机则在睡眠时将活动记忆转换为存储卷。计算机还会按类型来分配数据，就像大脑按语义、空间、情感或规程来分配记忆一样。

在大数据时代，从多个渠道获得的数据通常缺乏一致性，数据结构混杂，且数据量不断增长，加上任何机器都会有物理上的限制，如内存容量、硬盘容量、处理器速度等，这就导致对于单机系统来说，即使不断提升硬件配置也很难跟上数据增长的速度，我们需要在硬件限制和性能之间做取舍。对于希望从数据中获得价值的企业和组织来讲，有效的数据存储和管理变得比以往任何时候都更加重要。①

大数据存储与管理的技术对整个大数据系统至关重要，数据存储与管理的好坏直接影响了整个大数据系统的性能表现。数据存储和管理如今并不只被定义为接收、存储、组织和维护组织创建的数据，更多时候它还意味着更多内容，包括但不限于：①对数据进行分类；②聚合、收集和解析数据的元数据；③保护数据和元数据不受自然和人为中断的影响；④在内部部署和地理上移动数据，以进行共享、归档、复制、数据保护、存储系统技术更新和

①罗勇作．大数据科学技术研究[M]．北京：中国纺织出版社，2024.

迁移，并访问所需的分析引擎，从而对该数据进行更深入的研究；⑤在进行一次或多次移动后，保持用户和应用程序对数据的透明访问；⑥提供用户可定义的策略，这些策略可自动移动、复制和删除数据；⑦部署人工智能和机器学习以优化和自动化大多数数据管理功能；⑧搜索数据并提供可行的信息和见解；⑨使数据符合个人识别信息法律和法规要求；⑩将数据管理对象扩展到数百拍字节甚至艾字节的数据。

根据数据存储和管理的内容范围，我们可以大致理解为，大数据存储及管理技术需要重点研究如何解决大数据的可存储、可表示、可处理、可靠性及有效传输等几个关键问题。

三、大数据计算技术

大数据存储管理解决了大规模数据高效存储的问题，大数据计算则解决了大规模数据高效计算的问题。对于大数据技术而言，分布式是非常核心的概念，从存储到计算再到分析，在大数据处理的整个流程当中，分布式不可或缺。

实现大数据处理，有集中式和分布式两种思路。

所谓集中式，就是通过不断增加处理器的数量，来增加单个计算机的处理能力，从而实现大批量数据处理。采用集中式思路需要昂贵的大型机，光是成本费用就不是一般的公司能够承受得住的。

分布式则是把一组计算机串联起来形成系统，然后将需要处理的大批量数据分散到各个机器上去执行，最后将分别计算的结果进行合并，得出最终结果。

在分布式系统内，单个计算机的能力不算强，但是每个机器负责一部分计算任务，多个机器同时并行计算，这样处理数据的速度得到大大提升。随着需求的提升，只需要在集群系统当中增加机器，就能实现更大规模的数据处理。

分布式计算使得大数据处理的成本大大降低，从而支持大数据在更多企业、更多场景下的应用落地。

服务器集群是由互相连接在一起的服务器群组成的一个并行式或分布式系统。

由于服务器集群中的服务器运行同一个计算任务，从外部看，这群服务器表现为一台虚拟的服务器，对外提供统一的服务。

尽管单台服务器的运算能力有限，但是将成百上千的服务器组成服务器集群后，整个系统就具备了强大的运算能力，可以承受大数据分析的运算负荷。

Hadoop大数据集群，就是对分布式计算和服务器集群的一次成功的实践，Hadoop平台中的核心分布式计算模型Map Reduce，极大地方便了分布式编程工作，编程人员即使不理解分布式并行原理，也可以很容易地将程序运行在分布式系统上，完成海量数据集的计算。

四、大数据分析挖掘技术

数据处理是对纷繁复杂的海量数据的价值进行提炼，而其中最有价值的地方在于预测性分析，即通过数据可视化、统计模式识别、数据描述等数据挖掘形式帮助数据科学家更好地理解数据，根据数据挖掘的结果得出预测性决策。

研究大数据分析挖掘技术的意义在于：①改进已有数据挖掘和机器学习技术；②开发数据网络挖掘、特异群组挖掘、图挖掘等新型数据挖掘技术；③突破基于对象的数据连接、相似性连接等大数据融合技术；④突破用户兴趣分析、网络行为分析、情感语义分析等领域的大数据挖掘技术。

数据挖掘就是从大量的、不完全的、有噪声的、模糊的、随机的实际应用数据中，提取隐含在其中的、人们事先不知道的但又是潜在有用的信息和知识的过程。

数据挖掘有多种分类法。根据挖掘任务可分为分类或预测模型发现、数据总结、聚类、关联规则发现、序列模式发现、依赖关系或依赖模型发现、异常和趋势发现等；根据挖掘对象可分为关系型数据库、面向对象数据库、空间数据库、时态数据库、文本数据源、多媒体数据库、异质数据库、遗产数据库以及环球网Web；根据挖掘方法可粗分为机器学习方法、统计方法、神经网络方法和数据库方法。

数据挖掘的主要过程是：根据分析挖掘目标，从数据库中把数据提取出来，然后经过ETL组织成适合分析挖掘算法使用的宽表，再利用数据挖掘软件进行挖掘。传统的数据挖掘软件一般只支持在单机上进行小规模数据处理，受此限制，传统数据分析挖掘一般会采用抽样方式来减少数据分析规模。

数据挖掘的计算复杂度和灵活度远远超过数据采集与管理时的需求。一是数据挖掘问题具有开放性，数据挖掘会涉及大量衍生变量计算，衍生变量多变导致数据预处理计算的复杂性；二是很多数据挖掘算法本身就比较复杂，计算量很大，特别是大量机器学习算法，例如K-means聚类算法、Page Rank算法等，都是迭代计算，需要通过多次迭代来求最优解。

五、人工智能技术

人工智能和大数据都是当前的热门技术，人工智能的发展要早于大数据。从百度指数的数据可以看出，人工智能受到国人关注要远早于大数据，且受到长期、广泛的关注，在近两年再次被推向顶峰。人工智能的影响力要大于大数据。

从学科的角度来看，人工智能是一个典型的交叉学科，涉及哲学、数学、计算机、控制学、神经学、经济学和语言学等学科，所以人工智能不仅知识需求量大，而且难度高。

关于人工智能的研究存在两个大的方向，一个是“像人一样思考和像人一样行动”，另一个是“合理的思考和合理的行动”，目前在研究领域更倾向于第二个方向，也就是追求智能体的合理性。当然，这仅仅是当前的研究出发点，未来也许会有新的方向性要求。

从大的技术组成体系来看，人工智能技术涉及物联网、云计算、大数据、边缘计算等内容，其中物联网是目前智能体的一个重要的落地应用场景，物联网场景的搭建能够全面促进智能体的落地应用。目前，车联网被看成智能体全面落地应用的一个重要突破口，所以诸多科技公司都在布局相关领域（尤其是自动驾驶）。

人工智能的发展需要数据、算力和算法三大支撑因素，云计算提供了算力支撑，而大数据则提供了数据的来源，随着大数据和云计算的发展，人工智能的发展也会在很大程度上得到促进。

从研究方向上来看，人工智能领域的研究方向包括机器学习、自然语言处理、知识表示、自动推理、计算机视觉和机器人学，目前除了机器学习（深度学习）之外，自然语言处理和计算机视觉方向的研究也比较热门。

虽然人工智能和大数据有很大的区别，但它们仍然能够很好地协同工作。这是因为人工智能需要数据来建立其智能，特别是机器学习。

在机器学习中，为了训练模型，需要大量的数据，而且数据需要结构化和集成到足够好的程度，以使机器能够可靠地识别数据中的有用模式。大数据技术即满足这样的要求。

人工智能是基于大数据的支持和采集，运用人工设定的特定性能和运算方式来实现的，大数据是不断采集、沉淀、分类等的数据积累。

大数据提供了大量的数据，并且能从大量繁杂的数据中提取或分离出有用的数据，然后供人工智能来使用。人工智能和机器学习中使用的数据已经被“清理”过了，即无关的、重复的和不必要的数据已经被清除了。这些“清理”工作是由大数据技术来完成或保障的。大数据可以提供训练学习算法所需的数据。其中有两种类型的数据学习，即初期离线训练数据学习和长期在线训练数据学习。人工智能应用程序一旦完成最初离线培训，就不会停止数据学习。随着数据的变化，它们将继续在线收集新数据，并调整它们的行动。因此，数据分为初期的和长期的（持续的）。智能体从初期和长期收集到的数据中不断学习和训练其人工智能的模型和参数。

人工智能飞跃的标志是大规模并行处理器的出现，特别是GPU，它是具有数千个内核的大规模并行处理单元，且大大加快了人工智能算法的计算速度。人工智能需要通过试验和错误进行学习，这需要大量的数据来教授和培训人工智能。人工智能应用的数据越多，其获得的结果就越准确。由此可以看出，人工智能是依托于大数据的，或者说人工智能基于大数据。

六、大数据安全技术

数据是网络的“血液”，是企业得以发展的核心。当前，大数据安全面临着许多挑战，需要通过研究关键技术、制订安全管理策略来应对这些挑战。具体来说，大数据安全面临的挑战有以下几点。

（一）大数据成为网络攻击的显著目标

在网络空间中，大数据是更容易被发现的大目标，受到越来越多的关注。一方面，大数据不仅意味着海量的数据，也意味着更复杂、更敏感的数据，这些数据会吸引更多的潜在攻击者，成为更具吸引力的目标；另一方面，数据的大量聚集，使黑客一次成功的攻击就能够获得更多的数据，无形中降低了黑客的进攻成本，增加了其“收益率”。

（二）大数据加大隐私泄露风险

从基础技术角度看，Hadoop对数据的聚合增加了数据泄露的风险。作为一个分布式系统架构，Hadoop可以用来应对PB级甚至ZB级的海量数据存储；作为一个云化的平台，Hadoop自身存在云计算面临的安全风险，企业需要实施安全访问机制和数据保护机制。同样，大数据依托的基础技术——非关系型数据库（NoSQL）与当前广泛应用的SQL（关系型数据库）技术不同，没有经过长期改进和完善，在维护数据安全方面也未设置严格的访问控制和隐私管理机制。采用NoSQL技术时，因大数据中数据来源和承载方式具有多样性，企业很难定位和保护其中的机密信息，这是NoSQL内在安全机制的不完善，即缺乏机密性和完整性。另外，NoSQL对来自不同系统、不同应用程序及不同活动的数据进行关联，也加大了隐私泄露的风险。此外，NoSQL还允许不断对数据记录添加属性，这也对数据库管理员的安全性预见能力提出了更高的要求。从核心价值角度看，大数据的技术关键在于数据分析和利用，但数据分析技术的发展，势必会对用户隐私产生极大威胁。

（三）大数据技术被应用到攻击手段中

在企业用数据挖掘和数据分析等大数据技术获取商业价值的同时，黑客也可能利用这些大数据技术向企业发起攻击。黑客最大限度地收集有用信息，如社交网络、邮件、微博、电子商务、电话和家庭住址等，为发起攻击做准备，大数据分析让黑客的攻击更精准。此外，大数据为黑客发起攻击提供了更多机会。黑客利用大数据发起僵尸网络攻击，可能会同时控制上百万台僵尸主机发起攻击，这个数量级是传统单点攻击所不具备的。

（四）大数据成为高级可持续攻击（APT）的载体

黑客利用大数据将攻击很好地隐藏起来，传统的防护策略难以检测出来。传统的检测是基于单个时间点进行的基于威胁特征的实时匹配检测，而高级可持续攻击（APT）是一个实施过程，并不具备能够被实时检测出来的明显特征，因此无法被实时检测。同时，APT攻击代码隐藏在大量数据中，很难被发现。此外，大数据的低价值密度性，让安全分析工具很难聚焦在价值点上，黑客可以将攻击隐藏在大数据中，给安全服务提供商的分析制造了很大困难。

在大数据场景下，数据在生命周期中的各个阶段都面临着安全风险，因此，大数据安全防护策略需着眼于数据的全生命周期来进行安全管控，以保障数据在存储、传输、使用、销毁等各个环节的安全。

第四节　大数据的应用领域

我们生活在一个充满数据的时代，如我们打电话、用微博、聊QQ、刷微信、阅读、购物、就医、旅游等，都在不断产生新数据。大数据已经与我们的工作、生活息息相关。

一、教育中的大数据

在传统教育模式下，对于学生的考核更加偏重分数的呈现。一个班上的几十个人，使用同样的教材，由同一个教师上课，课后布置同样的作业。在这种模式下，很难真正做到因材施教。然而在大数据的帮助下，个性化教育能够真正实现，大数据将显示学生如何学、教师如何教，通过个性化的大数据积累及数据分析的结果给予反馈，并辅助教师调整教学思路和教学方法，实现因材施教。

例如“大数据情书”，即学校写给毕业生的“情书”，记录了毕业生在学校的点点滴滴，这就是华中科技大学利用大数据制作的个性化毕业礼物——一封名叫“光阴的故事——致××”的电子信件和截图在华中科技大学毕业生的微信、朋友圈流传。每一位即将离校的学子只要打开链接，输入自己的校园账号就能获取在校期间的学习、生活等方面的数据。

这些数据都是学生日常登录HUB系统或者使用校园卡时留下的，HUB系统将数据整合，以毕业礼物的形式献给毕业生，从学生入学开始，到毕业离校，用数据描述了他们在校期间的经历，包括生源地、在校班级、是否转专业、学期注册、所修课程、授课教师、加权平均成绩、四六级英语成绩、奖助学金、科研成果、荣誉称号、访问华中科技大学教学信息服务平台、计算机等级考试成绩、校园卡消费、食堂、校内超市、校车、图书馆借书和门禁、党员发展历程等情况，用数据和场景故事逐页展示出来。该系统还根据学生注册积极程度，对部分学生授予了“注册神人”“注册牛人”“注册达人”的称号；根据专业成绩的排名，对部分学生授予了“学圣”“学神”“学霸”的称号；根据在图书馆的借书数量排名，对部分学生授予了“读书达人”的称号。

厦门大学图书馆设计的一个名为“图•时光（Tuan Time）”的网站，收集整理了毕业生大学时代的阅读记录、进馆次数等，被毕业生视为大学生涯的图书馆记忆。登录“图•时光（Tuan Time）”网页后，学生可以看到自己大学期间的图书馆印记，包括第一次到访图书馆的时间、借阅的第一本书、最喜欢的座位、最常阅读的图书类别，以及一份书单。

南京理工大学的“大数据精准扶贫”，利用大数据分析为贫困生充饭卡。每个月在食堂吃饭超过60顿、一个月总消费不足420元的学生，即被列为受资助对象。学生无须填表申请，不用审核。这种“润物细无声”的善举——给贫困生的伙食补贴通过直接打入饭卡的方式进行，在确保学生尊严的基础上，也给贫困学生带来了温暖。

二、食品中的大数据

大家每天吃几餐？每天吃了多少米饭？吃了多少肉？相信这些问题一定难不倒大家。如果再问大家每天摄入了多少蛋白质、吸收了多少碳水化合物呢？想要清楚地回答这些问题可就不那么容易了。但是，有了大数据，这些问题都将不再是问题。我们每天吃了什么、吃了多少、该吃多少，这些大数据都会帮我们记录。①

某穿戴设备用光谱扫描仪来扫描检测食物中的成分（通过对光子的波长进行排序，结合频谱来描述食物里面的成分），这样你将知道“吃了什么”；服务器将食物中的过敏原、化学成分和营养成分等相关信息发送到你的手机上，这样就告诉你“吃了多少”“该吃多少”，营养成分是否足够；它还能记录你的饮食信息，从而提示你是否已经达到了每天所需的摄取量，并根据具体情况给出合适的营养食谱。比如，你最近在减肥，不能吃太多，那就给你

①王刚．大数据管理与应用[M]．北京：机械工业出版社，2024.

提供一份减肥食谱；如果你有肠胃炎，只能清淡饮食，就会给你提供一份清粥小菜的食谱。这些智能的穿戴设备可能会成为我们私人定制的“营养师”，为我们提供服务，通过数据的采集及分析处理，告诉我们该吃什么、不该吃什么、该吃多少等。

如何吃得放心？你知道自己每天吃的肉是从哪里来的吗？大数据已经应用到食品安全领域的每个角落。建立食品追溯系统需要物联网技术的运用和普及，以期实现对食品生产、加工、运输、包装、储存等方面质量问题的监管，理论上实现对食品“从农田到餐桌”的全面监控。同时，利用大数据给食品安全分析过程中的风险评估、风险管理和风险交流提供相应的变化和动力，可以大数据工程为抓手，深入开展食品安全信息化建设，为我国食品安全长效机制的建立提供有效的工程技术保障。

以一个人“吃了什么”“吃了多少”产生的数据来进行分析，然后告诉这个人“该吃多少”以及“如何放心地吃”已经是非常大的数据处理量了。然而，众口难调，习惯各异，涉及食物的做法、吃法、成分、营养价值、价格、食物来源等数据看起来相当混乱（传统的数据库不能完全明确），如果要满足一个1000万人的“该吃多少”以及“如何放心地吃”的解答需求，就要用到大数据技术，通过收集、管理和分析每个人看似随意平常的饮食信息，就可以为每个人定制出满足其需求的个人食谱。

三、物流中的大数据

智能物流是大数据在物流领域的典型应用。智能物流融合了大数据、物联网和云计算等新兴IT技术，该物流系统能模仿人的智能，实现了物流资源优化调度和有效配置以及物流系统效率的提升。自从IBM在2010年最先提出“智能物流”概念以来，智能物流在全球范围内得到了快速发展。在我国，阿里巴巴集团联合多方力量共建“中国智能物流骨干网”，计划在8～10年的时间内建立一张能支撑日均300亿元（年度约10万亿元）网络零售额的智能物流骨干网络，助力数千万家新型企业成长发展，让全中国任何一个地区都能做到24小时内送货必达。大数据技术是智能物流发挥其重要作用的基础和核心，物流行业在货物流转、车辆追踪、仓储等各个环节中都会产生海量的数据，分析这些物流大数据，将有助于深刻认识物流活动背后隐藏的规律，优化物流过程，提升物流效率。

智能物流，又称智慧物流，是利用智能化技术，使物流系统能模仿人的智能，具有思维、感知、学习、推理判断和自行解决物流中某些问题的能力，从而实现物流资源优化调度和有效配置、物流系统效率提升的现代化物流管理模式。

智慧供应链具有先进化、互联化、智能化三大特点。“先进化”是指，数据多由感应设备、识别设备、定位设备产生，替代人为获取供应链动态并进行可视化自动管理，包括自动库存检查、自动报告存货位置错误等。“互联化”是指，整体供应链联网，不仅是客户、供应商、IT系统的联网，也包括零件、产品以及智能设备的联网。联网赋予供应链整体计划决策能力。“智能化”是指，通过仿真模拟和分析，帮助管理者评估多种可能性选择的风险和约束条件，使供应链具有学习、预测和自动决策的能力，无须人为介入。

“智能物流”概念经历了自动化、信息化、网络化3个发展阶段。自动化阶段是指物流环节自动化，即物流管理按照既定的流程自动化操作；信息化阶段是指现场信息自动获取与判断选择；网络化（泛在化）阶段是指将采集的信息通过网络传输到数据中心，由数据中心做出判断与控制，进行实时动态调整。

（一）智能物流的作用

智能物流具有以下3个方面的重要作用。

1. 提高物流的信息化和智能化水平

不局限于库存水平的确定、运输道路的选择、自动跟踪的控制、自动分拣的运行、物流配送中心的管理等问题，物品的信息也将存储在特定数据库中，并能根据特定的情况做出智能化的决策和建议。

2. 降低物流成本，提高物流效率

由于交通运输、仓储设施、信息通信、货物包装和搬运等对信息交互和共享的要求较高，可以利用物联网技术对物流车辆进行集中调度，有效提高运输效率；利用超高频RFID标签读写器实现仓储进出库管理，快速识别货物的进出库情况；利用RFID标签读写器建立智能物流分拣系统，有效地提高生产效率并保证系统的可靠性。

3. 提高物流活动的一体化

通过整合物联网相关技术，集成分布式仓储管理及流通渠道建设，可以实现物流中运输、存储、包装、装卸等环节全流程一体化管理模式，以高效地向客户提供满意的物流服务。

（二）智能物流的应用

智能物流有着广泛的应用。国内许多城市都在围绕智慧港口、多式联运、冷链物流、城市配送等方面，着力推进物联网在大型物流企业、大型物流园区的系统级应用。应用智能物流，可以将射频标签识别技术、定位技术、自动化技术以及相关的软件信息技术集成到生产及物流信息系统领域，探索利用物联网技术实现物流环节的全流程管理模式，开发面向物流行业的公共信息服务平台，优化物流系统的配送中心网络布局，集成分布式仓储管理及流通渠道建设，最大限度地减少物流环节、简化物流过程，提高物流系统的快速反应能力；此外，还可以进行跨领域信息资源整合，建设基于卫星定位、视频监控、数据分析等技术的大型综合性公共物流服务平台，发展供应链物流管理。

（三）大数据是智能物流的关键

在物流领域有两个著名的理论——“黑大陆”说和“物流冰山”说。著名的管理学权威P.F.德鲁克提出了“黑大陆”说，认为在流通领域中物流活动的模糊性尤其突出，是流通领域中最具潜力的领域。提出“物流冰山”说的日本早稻田大学教授西泽修认为，物流就像一座冰山，其中沉在水面以下的是我们看不到的黑色区域，这部分就是“黑大陆”，而这正是物流尚待开发的领域，也是物流的潜力所在。这两个理论都旨在说明物流活动的模糊性和巨大潜力。对于如此模糊而又具有巨大潜力的领域，我们该如何去了解、掌控和开发呢？答案就是借助大数据技术。

发现隐藏在海量数据背后的有价值的信息，是大数据的重要商业价值。大数据是打开物流领域这块神秘“黑大陆”的一把金钥匙。物流行业在货物流转、车辆追踪、仓储等各个环节中都会产生海量的数据，有了这些物流大数据，所谓的物流“黑大陆”将不复存在，我们可以通过数据充分了解物流运作背后的规律，借助大数据技术，可以对各个物流环节的数据进行归纳、分类、整合、分析和提炼，为企业战略规划、运营管理和日常运作提供重要支持和指导，从而有效提升快递物流行业的整体服务水平。

大数据将推动物流行业从粗放式服务到个性化服务进行转变，颠覆整个物流行业的商业模式。通过对物流企业内部和外部相关信息进行收集、整理和分析，可以做到为每个客户量身定制个性化的产品和服务。

四、能源中的大数据

各种数据显示，人类正面临着能源危机。在能源危机面前，人类开始积极寻求可以用来替代化石能源的新能源，风能、太阳能和生物能等可再生能源逐渐被纳入电能转换的供应源。但是，新能源与传统的化石能源相比，具有一些明显的缺陷。传统的化石能源出力稳定，布局相对集中，而新能源则出力不稳定，地理位置也比较分散，比如风力发电机一般分布在比较分散的沿海或者草原、荒漠地区，风量大时发电量就多，风量小时发电量就少，设备故障检修期间就不发电，无法产生稳定可靠的电能。传统电网主要是为稳定出力的能源而设计的，无法有效吸纳、处理不稳定的新能源。

“智能电网”就是人们认识到传统电网的结构模式无法大规模适应新能源的消纳需求而提出的，人们认为必须将传统电网在使用中进行升级，既要完成传统电源模式的供用电，又要逐渐适应未来分布式能源的消纳需求。概括地说，智能电网就是电网的智能化，是建立在集成的、高速双向通信网络的基础上，通过应用先进的传感和测量技术、先进的设备技术、先进的控制方法以及先进的决策支持系统技术，实现电网可靠、安全、经济、高效、环境友好和使用安全的目标，其主要特征包括自愈、抵御攻击、提供满足21世纪用户需求的电能质量、容许各种不同发电形式的接入、启动电力市场以及资产优化高效运行等。

智能电网的发展离不开大数据技术的发展和应用，大数据技术是组成整个智能电网的技术基石，全面影响到电网规划、技术变革、设备升级、电网改造以及设计规范、技术标准、运行规程乃至市场营销政策的统一等各个方面。电网全景实时数据采集、传输和存储，以及累积的海量多源数据快速分析等大数据技术，都是支撑智能电网安全、自愈、环保及可靠运行的基础技术。随着智能电网中大量智能电表及智能终端的安装部署，电力公司可以每隔一段时间获取用户的用电信息，收集比以往粒度更小的海量电力消费数据，构成智能电网中用户侧大数据。以海量用户用电信息为基础进行大数据分析，就可以更好地理解电力客户的用电行为，优化提升短期用电负荷预测系统，提前预知未来2～3个月的电网需求电量用电高峰和低谷，合理地设计电力需求响应系统。

此外，大数据在风力发电机安装选址方面也发挥着重要的作用。IBM公司利用多达4PB的气候、环境历史数据，设计风机选址模型，确定安装风力涡轮机和整个风电场最佳的地点，从而提高了风机生产效率、延长了其使用寿命。以往这项分析工作需要数周的时间，现在利用大数据技术仅需要不到1小时便可完成。

五、金融中的大数据

金融业是典型的数据驱动行业，是数据的重要生产者，每天都会生成交易、报价、业绩报告、消费者研究报告、官方统计数据公报、调查、新闻报道等各种信息数据。金融业高度依赖大数据，大数据已经在高频交易和信贷风险分析等金融创新领域发挥重要作用。

（一）高频交易

高频交易（HFT）是指从人们无法利用的那些极为短暂的市场变化中寻求获利的计算机化交易。这些变化包括某种证券买入价和卖出价差价的微小变化，或者某只股票在不同交易所之间的微小价差。为了从高频交易中获得更高的利润，一些金融机构开始引入大数据技术来决定是否交易，比如采取“战略顺序交易”，通过分析金融大数据识别出特定市场参与者留下的足迹，预判该参与者在其余交易时段的可能交易行为，并执行与之相同的行为，该参与者继续执行交易时将付出更高的价格，使用大数据技术的金融机构就可以趁机获利。

（二）信贷风险分析

信贷风险是指信贷放出后本金和利息可能发生损失的风险，它一直是金融机构需要努力化解的一种风险，因为它直接关系到机构自身的生存和发展。我国为数众多的中小企业是金融机构不可忽视的目标客户群体，市场潜力巨大。但是，与大型企业相比，中小企业具有先天的不足，主要表现在以下四个方面：①贷款偿还能力差；②财务制度普遍不健全，难以有效评估其真实经营状况；③信用度低，逃废债情况严重，银行维权难度较大；④企业内在素质较低，生存能力普遍不强。因此，对于金融机构而言，放贷给中小企业的潜在信贷风险明显高于放贷给大型企业。据测算，对中小企业贷款的管理成本，平均是大型企业的5倍，风险也高得多。可以看出，风险与收益不成比例，使得金融机构始终不愿意向中小企业全面敞开大门，这不仅限制了金融机构自身的成长，也限制了中小企业的成长，不利于经济社会的发展。如果能够有效加强风险的可审性和管理力度，支持精细化管理，那么，毫无疑问，金融机构和中小企业都将迎来新一轮的大发展。

如今，大数据分析技术已经能够为企业信贷风险分析提供技术支持。通过收集和分析大量中小企业用户日常交易行为的数据，判断其业务范畴、经营状况、信用状况、用户定位、资金需求和行业发展趋势，解决由于其财务制度的不健全而无法真正了解其真实经营状况的难题，让金融机构放贷有信心、管理有保障。对于个人贷款申请者而言，金融机构可以充分利用申请者的社交网络数据分析得出个人信用评分。

六、智能家居中的大数据

如今，随着人们需求的多元化发展，家居的生态模式不断往智能化、个性化延伸。智能家居开始从单一的产品智能向实现全屋智能互联互通探索，如今全屋智能被认为是“智能家居4.0”，更有经济观察家认为，“全屋智能是智能家居的高级形态，也是发展方向”。伴随着科技的发展与进步，以数据采集为支撑的智能家居也开始融入人们的日常生活。智能家居作为物联网产业链中的重要一环，它的发展离不开物联网传感器的强力支持。近些年，智能家居领域随着技术的不断发展，取得了快速进展，从有线模式转化为无线模式，操作更加方便、安全可靠。其中，云计算起到了非常重要的作用。用户可以将家中智能家居的相关信息上传、存储在云端，通过云计算服务，在任意时间、任意位置，对家中的智能家居进行相应的控制。在智能家居领域引入大数据将更好地服务于客户与用户。未来家庭中所有的设备将实现大数据采集和控制功能，设备之间以及设备与人实现互联互通，基于数据分析提高服务水平，使人们的生活变得更健康、更舒适。家居行业企业依靠数据管理平台，可以打通、融合不同用户群体的标签数据，形成更为丰富的用户画像，充分使用数据价值以更好地服务于企业客户。目前建立的以大数据为驱动的营销体系，在家居、汽车、快速消费品等领域为客户提供服务。

在智能家居领域，通过长期采集这个家庭的生活习惯数据，经过云计算后，得出这个家庭的舒适温度和湿度，当低于或者高于这个温度或者湿度时，智能化产品就能自动调整。在外打拼的儿女可以通过智能化设备实时关注居住在老家的父母的健康情况，家中的父母每次的血压、血糖等测量数据会自动传送到儿女的设备上，如果有异样情况发生，就会主动报警。晚上温度降低，人手腕上戴着的智能手环会检测到人的体温降低，这时家中的传感器设备已自动感知室内温度的下降，人工智能（AI）系统就会根据体温信息和室内温度信息自动计算出最适宜睡眠的温度和湿度，并智能调控空调和加湿器等设备。整个过程中人无须手动操作，安心入睡即可。这一过程为无感交互的状态，是全屋智能的终极形态，但现今阶段的全屋智能更多呈现的是人机交互的方式。

实现全屋智能需要统一人工智能中枢，同时需要摄像头、通信芯片等硬件设施及深度学习、交互语言和图像理解等多领域技术的集成。

第二章　大数据时代会计行业的发展趋势和人才培养模式

第一节　大数据时代对会计行业的影响

如今，我们生活在一个由数据驱动的世界中，毫无疑问，数据正在彻底改变现代商业模式。许多大中小企业非常重视对大数据进行分析，通过数据了解客户倾向、分析和预测行业发展，进而优化公司决策，提升企业竞争力。

未来的成功将越来越依赖于公司如何有效使用大数据进行分析。商业和会计相关人员应该使用大数据分析来提高工作效率及优化决策。

一、大数据与财务会计

随着大数据分析技术的进步，有两个重要趋势影响着财务会计。

第一，越来越多的非结构化数据被整合到财务信息系统中。例如，文本、视频、音频等数据与传统数据紧密结合在一起。因此要求会计人员掌握大数据分析技术，以便处理大量可用数据，包括自动挖掘数据（如顾客购买、点击跟踪及用户评论、点击数据分析等）。

第二，公允价值评估是对大数据有实质性影响的一个领域。专门从事收集各种来源数据及评估数据的数据服务公司利用大数据评估资产与负债公允价值，以减少公允价值评估中的主观假设。

二、大数据与管理会计

大数据同样也给管理会计提出挑战。管理会计师应学习和掌握数据科学和分析技术，以提高其公司的绩效，并利用该技术来改善其组织的数据治理和分析能力。

在一项《洞察到影响，释放大数据机遇》的报告中，透露了三个相关的影响。首先，86%的被调查从业人员认为，“他们的企业正在从数据中获得有价值的见解”。其次，会计专业人员必须从企业数据分析支持者转换为业务合作者，为企业创造价值，同时培养基于依赖数据而不仅仅是基于管理意见的决策文化。最后，随着越来越多的企业将敏感数据放在云储存上，而这易于受黑客攻击，这就要求管理会计人员必须掌握计算机及网络相关安全技术。

根据IMA的研究，公司部署大数据的速度甚至超过了其他一些热门技术，与竞争对手相比，使用前沿数据分析的公司可以拥有显著的优势。随着大数据分析工具的发展，所有组织（无论规模大小）都必须开始走数据分析之路，以保持竞争力。

数据可视化技能对于管理会计师至关重要。管理会计师的重要作用应是充当数据科学家与管理层之间的桥梁。管理会计师以可行的方式将数据分析结果传达给管理层。

大数据分析也可以改善公司绩效管理系统。例如，制造行业企业的财务和会计团队可以从金融数据服务提供商那里获得基准指标，衡量公司的业绩是否低于同行业平均水平，或者坏账率是否高于同行业水平。①

通过采用大数据分析，公司可以实施全面管理系统来替代传统的管理系统。例如，公司可以利用大数据分析新的激励政策或绩效管理措施是否有效，以提高员工效率。

三、大数据与审计

审计人员正面临着来自常规业务的大量的结构化数据（如总账或交易数据Excel表格）和来自非传统数据源（如新闻媒体、电子邮件和社交媒体）的大量非结构化数据（如数据库中的电子邮件、语音或自由文本字段、Wi-Fi传感器、电子标签等）的挑战。

审计过程正逐渐从基于样本的审计转变为由数据驱动的全面审计，在大数据和预测分析的帮助下，注册会计师能够更好地进行风险识别和预测未来的风险，并建议客户采取必要举措。

随着一系列大数据分析工具的出现，审计师可以使用大数据分析来降低

①姬燕燕．论大数据时代对会计和审计的影响[D]．北京：对外经济贸易大学，2015.

审计成本并提高盈利能力。例如，使用自动化审计来替代人工审计。

借助大数据技术的自动数据收集和基于规则的分析技术来识别错误。审计师可以分析结构化和非结构化数据，以识别潜在的交易异常（如未经授权的支出）、行为方式（如分期付款以绕过交易限额）和进行未来趋势预测；将数据分析集成到审计流程中，以便提高审计质量。以下四个示例可说明大数据分析将如何影响审计。

由于交易数据的数字化和数据分析成本的降低，全面审计将比传统采样更为可行。

随着大数据的出现，审计师的角色将从报表担保转变为数据担保。

审计师需要使用文本分析技术来管理非结构化数据，如财务报告的管理讨论和分析财务报告中的文本部分。

利用大数据技术开发标准化的数据模型，管理层、内部审核员和外部审核员可以利用数据模型进行审计增强分析，这将进一步提高审核过程的及时性和有效性。

四、大数据和会计标准

大数据时代也有可能极大地改变会计标准。一些人认为当前的会计标准是时代的产物，高昂的传输成本和缓慢的数据收集速度可能已经过时了。在大数据时代，会计准则应该侧重于数据而不是表示。2015年，美国学者约翰·彼得·克拉海尔和安永退休的合伙人威廉·R.泰特拉提出，会计标准将必须能处理数据库的内容及被授权的数据提取集，但不得处理特定的账户披露规则。

由于大数据时代的会计标准将要求会计对可用数据负有更多责任，未来的会计准则必须在披露需求与保护敏感数据之间取得平衡，因此会计师应了解信息数据资产价值的概念。早在20世纪90年代，美国高德纳咨询公司的道格·兰尼就提出了“信息经济学”的假设，并将信息经济学和信息原理描述为一种资产，需要在账簿中对其进行管理、估价和核算。这一假设也正在成为现实。

第二节　大数据时代下会计工作的变革

在信息化时代，人们的工作和学习越来越离不开网络，随之而来的信息量也就呈现倍数的增长。信息来源形式及来源渠道的多样性，对当前的财务会计工作也产生了较大的影响。

大数据是指大小超出常规的数据库工具获取、存储和分析能力的数据集，大数据可能来自社交网络和电子商务网站及客户访问等其他渠道，是一项价值巨大的信息资产。

大数据时代下结构性数据与非结构性数据并存，在一定程度上可以提高数据计算的科学性、精确性和合理性；大数据时代数据的产生和处理是实时的，能够有效地避免数据处理的滞后现象。大数据的发展促进了现代化企业的各项业务流程的开展，大数据这一信息化浪潮引起了新的信息革命，从股票市场的行情检测到医疗健康领域的数据检测、用户使用产品的信息检测等都无一例外地受到了大数据的影响，在企业的管理运行中，大数据处理的优势能够让管理者更加全面地分析各项业务流程，提高企业防范风险的能力，为企业的经营发展提供有效的数据信息。

一、会计工作的开展现状

会计工作主要是对企业已经形成的经济资源进行分类统计和核算，使企业的经营收入和生产成本及利润情况能够在财务报告中得到真实有效的反馈，为经营者及各股东提供合理的信息。在信息化时代，对于数据的要求越来越高，会计在某些工作中还存在不足，难以适应大数据的发展。会计在工作中采用的标准是会计模式，强调全面反映企业的经营状况，其财务报告主要是面向外部信息使用者的，但是受固定工作模式的限制，其财务数据只是一个片面的数据总结，不能够给予一个全面的判断依据，不能够有效地帮助企业的全面化管理；除此之外，会计的工作主要是面向过去的经济业务进行的核算和统计，无法对企业未来的发展提供预见性的帮助，不能够全面反映企业的发展规划，相关数据信息的缺失会在一定程度上限制企业的长远发展。①

对于会计的日常工作而言，大数据时代的到来会在认识层面上给会计的工作带来挑战，传统观念会认为大数据就是一种全新的技术和理念，在企业的会计工作中并没有应用的必要性，甚至在一定程度上阻碍了财务会计工作的进一步发展。在传统的会计工作中，会较为重视信息存储的重要性，且一般是使用各类数据库的方式对信息进行存储。在大数据时代，会计的日常工作中涉及的信息量较大，对信息的存储提出了更高的要求，提高了企业在相关方面的管理成本。

二、大数据时代对会计工作的影响

对于会计的日常工作来说，借助互联网技术和大数据的支持可以更好地实现预算、核算及决算工作，促进财务登记工作以及审核工作的信息化开展，提高会计工作的效率。

（一）提高会计业务的科学性

大数据时代促进了数据信息的分析和处理工作的开展，促进了当前财务会计工作的开展。

1. 提升数据预测功能

大数据对信息的处理优势可以提高财务会计的预测能力，相比传统的会计工作在数据预测时关注的重点是数据、信息以及资料的相关性，大数据下的数据预测更加注重信息的丰富程度，可以有效地弥补传统会计在日常业务中对企业未来经济业务的预测不准的缺陷；可以为财务会计工作提供更为全面和丰富的数据支持，提高其预测的科学性与合理性。

2. 提高控制管理的有效性

财务会计在企业的日常管理中需要加强控制管理，提高数据使用的科学性和合理性，大数据时代为企业在日常的管理活动中的运行提供了更为全面的数据信息和资料。财务会计工作人员在日常工作中可以对丰富的信息数据和资料进行有效的整理，以便更容易发现和改正其中存在的问题。

①陶芊．大数据时代会计工作转型的思考[J]．现代营销（上旬刊），2023，(11)：89-91.

3. 优化数据结构

从数据来源上说，大数据的财务信息来源更加复杂，其不仅包括结构性数据，还包括非结构性数据，给企业的发展带来了良好的基础。大数据时代提高了企业对非结构性数据的关注，使得企业重点关注财务数据使用的准确性和科学性，而大数据时代的数据处理的优势可以有效地节省相关的人力和物力，提高相关的工作效益。

4. 提高会计计量的合理性

在会计计量上，大数据的数据更新较快，公允价值的计量也逐渐变得透明，会进一步对财务会计的管理工作进行规范，避免出现相关的主观性缺陷，能够提高企业会计信息的质量，为公平交易的平台打下良好的基础。

（二）促进会计工作人员的业务能力提升

传统意义上认为财务会计只是一个简单的岗位工作，其日常业务只是涉及账目整理和报表统计，而在大数据环境下，将会有效地改变这种观念，提高企业管理活动的科学性。大数据时代推动了企业财务会计活动的转型升级，财务会计人员为了更好地应对企业的日常活动，需要不断地加强自身业务能力的培养，努力参与到各个培训中去，积极与同事进行经验交流，不断地提高自身的业务能力。大数据会促使财务工作人员学会进行数据管理工作，重视大数据环境下的数据信息的处理，使会计职能更加丰富和多元化。在大数据时代，企业还应该采取措施来对数据的未来发展趋势进行监测，根据各个企业的发展特点来优化各个岗位的会计人员的工作流程，以保证数据使用的完整性和合理性。

（三）促进财务会计向管理会计的转型

管理会计是从传统会计中分离出来的，是以提升企业的经济效益为目的的，通过对企业经济活动的业务数据的记录和分析总结以及预测企业的发展规划。管理会计能够在庞杂的信息中高效和精准地提炼出与企业经营管理高度相关的数据信息，为企业的经营决策提供有效的数据信息。管理会计注重企业内部的发展和经营，其受到固定会计专责的约束较少，并且在日常的业务活动中，管理会计是以企业为主体的，能够通过对信息的全面分析与核查，为企业的发展提供有力的支持。不同于财务会计只是面向企业过去的经营业务，管理会计所运用的信息涉及的时间较为全面，能够更好地对企业经营活动中的信息进行预测、分析以及整理，以便财务会计使用者更好地帮助企业规划未来，能够让企业的经营成本效益最优。在大数据时代，数据的收集和处理的效率得到不断的优化，为财务会计向管理会计的转型提供了有力的支持，促进企业经营管理活动的良好开展。

在经济全球化的趋势下，大数据时代的来临促进了国民经济各个行业的发展，也推动了财务会计活动的变革。在新的发展时期，要将会计的理论实际与时代发展进行创新性结合，有效地利用企业日常活动中的各类信息，不断地提高自身的业务水平能力，为企业管理活动提供更为有利的信息，提高企业各项业务流程的科学性和合理性。大数据的发展是一把双刃剑，给财务工作带来挑战的同时也带来了一定的机遇，促进了企业财务会计活动的转型。企业财务工作人员要正视其中的机遇与挑战，不断地增加自身的知识储备，利用大数据来不断优化自身的工作，促进企业的长远发展。

第三节 大数据时代会计人才培养现状

一、大数据时代会计人才的需求现状

（一）大数据时代会计人才需求处于转型期

随着国家经济的发展和财务管理的需要，会计这一岗位应运而生，不可否认的是，在经济越发达的状态下，会计的作用就会越明显。无论是会计中介组织还是各行各业的企事业单位，都存在会计这一岗位，尤其是身处经济蓬勃发展的当代，随着大数据、智能化等高精尖技术的介入，社会对会计类人才的需求也处于旺盛阶段，与此同时，会计人才的个人能力以及业务水平也面临着更大的挑战。近年来，贸易区、经济区建设正如火如荼地开展着，在国家各大重要经济发展战略的作用下，科学技术的发展势头也日益强劲，财会类人才缺口较大。经济高速发展的大数据时代，管理咨询、评估、审计、会计、出纳等多个财会类的专业岗位，未来都有着巨大的发展空间，可以说基础类的财会人才目前趋于饱和，但是有着较强的创新能力和管理能力、阅历丰富、具备高学历、能够充分应用大数据这些先进的智能设备的会计人才，正是目前各行各业所急需的，这也意味着传统的会计类人才面临着自身岗位的转型。

（二）大数据时代会计人才职业能力的需求分析

身处大数据时代，计算机技术和信息技术日新月异的变化使简单的、重复性的会计工作不再受到过多的关注，而是被计算机所替代，尤其是在基础会计工作领域，这一现象较为普遍，会计信息系统日益趋于智能化、自动化，可以高效、准确地代替传统的会计核算、检验、制表等工作。随着会计智能化软件的升级和应用范围的扩大，传统的会计工作必然需要不断进行调整和优化，否则其岗位就会被网络技术和信息系统所代替。这也决定了会计人员必须具备能够熟练应用信息化、大数据系统来完成会计事务的能力，必须突破传统的会计思想的禁锢，利用创新型思维和现代化的工作方式来解决会计问题，以此来保证资金安全以及财务决策的正确性，为相关部门提供财务增值服务。身处大数据时代，优秀的会计人才必须具备以下几项能力和基本素质。

1. 职业价值观和端正的工作态度

身处大数据时代的会计从业工作人员，应当积极关心国家大事，了解社会动态，热爱本职工作，对政策法规、财经新闻有敏锐的洞察力，能够将社会实践和自己的理论学识紧密结合起来。由于会计岗位的特殊性，从业人员必须遵守职业道德，严格恪守规章制度的要求，将保密条例谨记在心，并且落实到具体行动上。

2. 信息化技术能力

身处大数据时代的会计从业人员，必须具备财务管理能力、财务分析能力、职业判断能力、成本计算能力、会计软件应用能力、会计核算能力以及信息系统应用能力等。如今，传统的会计岗位正向着信息化会计岗位转型，所以对信息化财会人员的需求量也是巨大的，对其技术能力上的要求也更加严格。①

3. 创新能力

综观人才招聘市场上对会计岗位的人才需求可知，具备创新能力的会计人才更加受到青睐。参考统计结果显示：有48%的企业认为合格的财会人员本身就需要具备良好的创新能力，在具体的会计岗位上能够有创新思路、创

①李娜．大数据时代会计专业人才培养模式研究[J]．中国农业会计，2024，34（7）：27-29.

新方向，最终致力于财会工作质量的提升；有38%的企业认为财会人员需要归纳总结所使用的会计信息流程、会计软件系统等，并且能提出有针对性的创新改革建议；有14%的企业认为一名合格的财会类岗位从业人员，本身应该在服务创新方面具备相应的能力，能够独立、妥善地解决问题。

4. 其他能力

身处大数据时代的会计从业人员，除了必须具备职业价值观、端正的工作态度以及信息化技术能力、创新能力以外，还应具有独立学习的能力。除此之外，良好的人际沟通能力、决策能力、变通能力、交际能力、语言组织能力等都是其职业生涯过程中的制胜法宝。

二、大数据时代会计人才的培养现状

高等院校之所以开展会计教育，根本目的是向社会提供具备财务服务、财务管理、财务加工等多项实践技能的专业化财会类人员。现阶段，几乎所有的高等院校都开设了财会类专业，然而由于人才培养模式、教学质量、办学条件等因素的差异，最终的教学成果也有所差别。综合来看，现阶段的会计人才培养现状分为以下几个方面。

（一）财会类专业课程设置现状

现阶段，几乎所有的高等院校在进行财会类专业课程设置的过程中，都充分参考了会计类实际岗位的工作过程，立足岗位分析、工作任务、行业情况分析等因素，做出关于课程设计和学习情境的设置，由此形成了整体化的课程体系。整个课程体系分为两大部分，第一部分是公共基础课和公共选修课，第二部分是专业实习类课程。借助公共基础课以及公共选修课，学生可以提升会计类文化素质和思想道德品质，最终成为一个合格的“会计人”。而专业实习类课程就是帮助学生在职业情境下，在学习各类财务软件、财务管理的过程中，能够掌握财务报表分析、成本核算、会计实务、纳税实务等多项技能，这是学生日后走上职业岗位所应具备的基本能力。

由上可知，现阶段我国高等院校培养会计专业人才的一大亮点就是岗课结合，具体表现为：第一，从岗位需要和会计人员从业能力出发，设置有针对性的课程；第二，从会计职业资格证书的需求点出发，在课程中融入考证的相应知识；第三，将学生的专业基础技能和岗位需求相结合，培养学生的综合会计能力。

（二）专业实践教学现状

区别于其他课程，会计类专业培养的是一个高素质的综合性会计人才，而且专业实践环节必不可少。随着社会经济的进步、企业的发展，基础的会计技能人才必然向着财务管理人才的方向迈进，这就决定了高等院校在进行专业实践教学的过程中，要分步骤分层次地进行训练。首先，对于学生专业基础技能的培训，涵盖了计算技术、纳税技术、基本会计技能训练等基础性的知识。其次，会计职业技能方面的训练，包括模拟实训、毕业实习练习等，如会计账务的处理方法、纳税实务。在此阶段融入了当代大数据和智能化的会计处理系统，综合性地培养学生的会计信息化处理技能，借助这种阶梯状的会计实训课程，让学生将理论知识和现代实践相结合，促进学生在理论和动手操作技能上的双丰收。最后，校企实践。现在大多数高等院校都和校外的诸多企业建立了良好的合作关系，对于财务专业来说，可以和会计师事务所、税务师事务所以及普通企业之间开展会计合作培训工作，让学生深入岗位情境中，不仅能提高其专业知识和对岗位工作的实际认知，也能为企业增效，这是一个互利共赢的过程。

（三）师资队伍建设现状

会计专业本身要求理论和实践二者相结合，这就决定了其对高等院校会计专业的师资力量有着更高的标准和要求，如必须具备注册会计师职业资格证书、高级会计师证书等。现阶段，大部分高等院校均建立了“双师双能型”教学教师队伍，而且该比例也在持续增长，同时硕士以上的教师数量有所攀升。不过，由于社会环境的变化，大数据、智能化不断在各行各业中深化改革，当代高等院校的教师必须紧跟时代潮流，从自我入手，培养良好的学习能力，加速掌握新型的信息化处理技术，以更好地践行教书育人的职责。

一直以来，我国都遵循着实事求是、一切从实际出发的原则，教育行业也不例外。之所以会对人才加以培养，其根本目的是为社会提供符合其需要的人力资源，这也是一个良性循环的过程，因而也需要社会为我国的高等院校提供更多的成长助力。我国的高等院校人才培养经历了一系列的改良，如在1990年之前，由于社会经济水平、教育水平等多种因素的影响，人才培养方式依然是较为传统的，很难做到精细化培养。而从1990年以后，随着社会的发展和经济水平的提升，高等院校的教育培训工作有了更强的可执行性，而且教学目标更加明确，加入了多元化的教育培训方式，教学模式更加丰富、更加符合社会对人才的需求，这种改变是社会的发展在教育领域的彰显。可以说，1990年以后我国高等院校迈向了全新的发展阶段，而且以十年为一调整期，处于不断的动态优化过程中。举例来说，现阶段的某科技职业学院的会计专业，除了有传统的教师授课和毕业实习以外，还借助网络化教学平台，如直播视频、师生互动以及会计软件、模拟沙盘、会计电算化、校企合作等多元化的培养方式，有目标性、有指向性地培育社会和企业需要的全科技能会计人才。

虽然历经几十年的教育变革，我国高等院校在会计教育领域实现了长足的发展，迈向了崭新的阶段，但不可否认的是，其中仍然存在着部分不足之处，这也是未来我国高等院校进行会计教育改革的目标和方向。

第四节 大数据时代会计人才培养新模式

一、“大数据+会计”和传统会计专业有何不同

（一）培养体系

“大数据+会计”专业侧重于培养更具有综合能力、更有前瞻性、更符合当前大数据与智能化发展趋势的高端会计人才。

（二）未来职业定位

“大数据+会计”专业的学生将不仅具备专业会计知识和技能，更能游刃有余地与技术部门、业务部门人员对接融合，并具有分析决策能力，能在业务中熟练应用大数据技术模块，更符合当前时代发展趋势。

（三）课程设置

“大数据+会计”专业新增了大数据分析、财务共享与智能财务、基于大数据的商业智能分析、大数据供应链成本管理、企业税务管理、大数据财务决策、IT审计等课程。

（四）师资配备与教学资源

“大数据+会计”专业配置了优秀的跨学科师资团队，依托理工背景，并与国内外名校定期开展学术交流合作。

二、大数据时代会计人才培养新模式的创新之处

现阶段，国家多次强调要在我国的高等教育体系中渗透“互联网+”、大数据、网络化、智能化等高精尖技术，该理念逐渐得以广泛落实。以“互联网+”、大数据、网络化、智能化等高精尖技术为代表的高科技技术，虽然不能给高等院校教学带来颠覆性的改革和变化，但可以提升人才的综合素质，提升我国的人力资源竞争力。基于此，将“互联网+”、大数据、网络化、智能化等高精尖科技引入会计教育领域，也是大势所趋。对于高精尖技术带来的多种挑战，高等院校要从现实出发，根据自身情况不断推陈出新，力求走创新之路，培养真正符合国家需要、社会需要、企业需要的会计专业技术人才。高精尖科技和高等教育看似是两个独立的个体，其实二者之间完全可以相互融合，达成“1+1＞2”的功效。大数据时代，我国的会计人才培养模式需要摒弃旧事物、采用新观念，摒弃旧规律、开拓新思路。具体来说，该项新模式主要可以从以下几个方面入手。

（一）采用新的招生模式

近年来，高等院校的招生规模呈现出人数越来越多的趋势，招生方式相对松散、指向性不强。在“互联网+”、大数据、网络化、智能化等高精尖技术的时代背景之下，一方面，各个高等院校必须遵从教育部颁发的相关规定以及硬性规则开展招生工作；另一方面，各个高等院校可以从自身特点出发，采取个性化的招生政策和方针，这些政策和招生方针的更新调整，意味着院校自身对人才培养的希冀以及院校当前阶段的办学水平和办学实力。尤其对于会计专业而言，既需要文科生，又需要理科生，因此高质量的生源是各大院校争相抢夺的稀有资源，会对自身院校的未来发展起到积极的影响。除了个性化的招生政策外，各个高等院校还可以把“互联网+”、大数据、网络化、智能化等高精尖技术引入招生环节中，推动院校教育部门、行政部门、会计行业以及外招企业之间的互联互通，借助大数据快速的信息传递作用，匹配合适的招生规模和招生结构，在招生环节就规范好国家、社会需要的会计人才的标准，然后给予定向培养，形成一个良性循环，从根源上提升当前社会所需的会计人才的基本素养。

（二）采用全新的教学模式以及课程设置

由于“互联网+”、大数据、网络化、智能化等高精尖技术的参与，当代高等院校大多已经配备了电子设备、多媒体投影仪等电子化教学仪器，有部分教师或者学生认为这些仪器的应用就属于信息化教学新方式，这种思想存在一定的片面性。现阶段，部分教师即使应用了这些电子仪器，但也只是利用其最基本的功效，如播放演示文稿或者收集资料，这在一定程度上是对互联网资源的浪费。在大数据背景下，无论是教师还是学生，首先要学会借助互联网技术来收集和整理大数据信息，然后对其做进一步的分析对比，通过更加精细化、有针对性的管理方式，最终归纳出对会计教学有用的数据信息，以此来帮助会计教学的质量和效果都能够达到更高的层次。除此以外，教师和学生还可以借助多项数据处理功能，开展多元化的学习。比如，自动记录学习数据、自动采集教学质量、评价结果数据分析、个人成绩排名等。借助“互联网+”、大数据、网络化、智能化等高精尖技术，教学活动已经由传统的线下进行扩展到了线上开展，而且随着技术的不断深入，课程设置有着向线上转移的趋势，如直播教学等。之所以出现这样的一个良好走向，得益于虚拟现实技术、网络平台以及高精尖信息技术的辅助作用，将所有的人、事、物提升到在线上平台中来，突破了时间、空间、人物之间的局限，获得了较好的教学效果。基于以上分析可知，采用全新的教学模式和课程设置，必然要求教师拥有互联网思维、大数据思维、智能化思维以及网络化思维，能够用最新的眼光来看待教学活动，通过信息技术带来的巨大变革，不断调整优化自己的教学行为，使其能够和时代需要、科技进步紧密结合。①

（三）知识获取领域的全新变革

在传统的教学课堂上，学生获取知识的途径是固定的教材传输和教学教师的讲授内容，学生记录知识也往往采取了记笔记的方式，借助记忆的渠道内部消化，不会选择将这些知识存入电脑，因此自律性不强的学生很难进行二次笔记梳理，但是在“互联网+”、大数据、网络化、智能化等高精尖技术时代，这些遗憾之处都有着对应的解决方法。具体到会计专业，可以新建专门的数据库，用于存储、强化每门课程的重难点。除此以外，还可以应用

①王小红，徐焕章．大数据时代下会计人才培养模式研究[J]．会计之友，2021，(16)：119-125.

“区块链”的方式来进行个性化学习。比如，学生可以根据自己在会计专业学习过程中的薄弱环节制订优化课程，将自己学习中的薄弱之处导入数据库中，进行阶段性分析，每当一个模块学习结束，考评合格后才可以开启下一个模块，这种阶段性、模块式的学习方法有利于增强记忆，使学生有成就感。

（四）教学评价领域的优化变革

现阶段，通过“互联网+”、大数据、网络化、智能化等高精尖技术，可以充分参考美国职业篮球联赛联盟对运动员的考核评价数据采集方案，针对每位学生构建属于其个人的数据模型，以全面性的数据采集来支撑模型分析，通过这些高精尖技术，该模型的采集功效得以全面发挥，能够综合、细致地评估学生学习任务的完成程度和具体的学习状态，然后将采集回来的数据信息加以对比分析和深度处理，由此进行科学的监督评价，衡量其学习效果和质量，并且及时将这种检查结果和学生进行沟通反馈。与此同时，根据大数据的采集功效还可以进行有针对性的督导建议，通过“互联网+”、大数据、网络化、智能化等高精尖技术，颠覆传统的高等院校评价模式，由固有的线下纸质分析转而向线上数字化、信息化分析的趋势靠拢。希望在这些高精尖技术的辅助之下，学生能够切实掌握会计专业知识，提高职业能力和职业素养。

大数据时代会计人才培养的新模式已经在悄然地发生改变，可以说这是教育界的一次针对传统的变革，希望以此为契机，能够深化“互联网+”、大数据、网络化、智能化等高精尖技术在会计领域、教育领域、高等院校领域进一步发挥优势作用。

三、大数据时代会计人才培养新模式的转变渠道

（一）构建互动联动机制

当前阶段，“互联网+”、大数据、网络化、智能化等高精尖技术为社会注入了新鲜的血液，给传统教育带来了新一轮的冲击，带动了我国高等院校会计专业向新的教学模式和教学方法转变，未来会计专业的发展方向也更加明晰，培养出的人才也会更加符合社会和产业的需要。不管是站在学校的立场还是社会立场来看，人才的培养都绕不开构建相应的互动联动机制，那么

如何构建呢？在互联网的背景下，对高等院校会计专业的培养计划进行过滤，留下符合社会产业与市场发展的人才培养模式，从而构成“产学研”结合的培养体系。同时，随着经济迅速发展的迫切需求，要求对当下的高等院校会计专业教育培养模式进行市场融合，以此来构建结果导向培养模式，以就业需求作为考核标准，适当给予竞争压力，使高等院校会计专业的教育水平能够在发展水准、创新能力、适应能力三个方面得以提升。此外，还要紧跟互联网高速发展的步伐，通过便捷的网络渠道为学生搭建线上课堂，改进传统教学范式，探究“双师型”的新兴教育路径，从而培养学生的学习和实践能力，使其能够在日后的实习就业中获得更多的优势，并在不耗费多余的教育和管理资源的情况下，能够更快地了解并适应实际企业的运作方式。

（二）优化调整资源配置

若要将“互联网+”、大数据、网络化、智能化等高精尖技术引入高等院校，并和其发展路径相结合，就一定要重视资源的优化配置，这里的资源优化配置不仅指的是教学资源方面的调整升级，还包含了资源库的构建。“互联网+”、大数据、网络化、智能化等高精尖技术和高等院校教学资源配置之间的结合可以有效增强高等院校的发展潜力，借助这些高精尖技术的优势和作用，高等院校能够顺利解决当前在资源分配过程中存在的诸多问题。具体而言，可以从以下方面入手：优化会计专业的电子仪器配置，使其能够得到更大范围的覆盖，使更多的学生能够享受高新技术带来的办学优势；建立健全基础设施建设，综合管理学校的教学事务，加大在物力、人力资源方面的多方配置。总而言之，其根本目的就是提高高等院校教育的覆盖率，加深其教育层次。

（三）建立新型的学习理念

通过多元化的学习方式和办学模式，鼓励传统的线下教学向线上教学靠拢，努力优化“互联网+”、大数据、网络化、智能化等高精尖技术的学习理念，借助网络快速传输数据的功能促进学习效率的提升，增强人与人、人与事之间的沟通。未来，大数据时代会计人才培养新模式应该向着被动接受和主动迎合两个方面发展。具体来说，被动接受指的是“互联网+”、大数据、网络化、智能化等高精尖技术给高等院校尤其是会计专业未来的发展带来了全新的变革和冲击，基于此大环境，高等院校的会计专业必然面临着被迫改革、调整优化的局面，在重重压力之下，高等院校自身的创新步伐得以促进。主动迎合指的是将“互联网+”、大数据、网络化、智能化等高精尖技术引入教育领域，这意味着教育形式和教学技能方面的更新，高等院校特别是会计专业，为了能够培养出新时代所需要的高素质复合型会计人才，必定会紧抓时代脉搏，主动出击，顺应发展形势，彻底将这些高精尖技术渗透到教学过程中去，努力开拓高等院校会计人才培养的新模式。

现阶段，我国高等院校在构建会计人才培养新模式的过程中，做出了多种努力，也取得了不少的成效，然而我们不能一叶障目，还需要正视其中存在的不足，日后着力加以改善。比如，受到经济条件、地域条件等多重因素的影响，互联网资源建设在全国范围内并不是均等的，少数地区仍然存在着网络教育资源匮乏的情况，这种地域之间存在差距的问题亟待解决，所以各区域相关机构要加强对教育资源的深入普及。经济基础决定上层建筑。除了要保证足够的资金支持，还需要建立一系列的评估准则来衡量“互联网+”、大数据、网络化、智能化等高精尖技术和教育之间的融合程度，以及新教育模式获得的成效。

四、大数据时代会计人才培养新模式的具体策略

在大数据时代，想要让高等院校的会计人才培养向新的模式转变，就要从上层组织结构入手加以改革，这是整个模式转变的基础所在。

（一）从全局出发，调整教学模式和上层组织工作

具体来说可以分为以下几步：第一步，以教学规律为基础，改变过去的粗放式培养模式，执行精简化的培养方式，充分借助“互联网+”、大数据、网络化、智能化等高精尖技术，将其加入教学的总体架构之中，保持步调的一致。与此同时，要充分考虑地域因素、学校自身的办学水平、学生的差异，开展个性化培养，这也就意味着高等院校在保证自身整体院校统一管理的同时，也可以根据会计专业的优势和未来的发展需要，自行编写内部教材，或者是寻求外部合作单位，推动资源的链接，合理安排教学方式。该模式给予会计专业更多的发展可能性，不再拘泥于把它规范到传统框架之中，希望以此培养出来的会计专业学生，能够更加符合社会、行业、企业的需要，拥有更多的灵动性。第二步，确保教育基础的踏实可靠。各级教育主管

部门要切实落实中央对教育工作的各项决策部署，确保教育基础是坚实可靠的，能够形成统一的认知。这种统一的认知，可以推动“互联网+”、大数据、网络化、智能化等高精尖技术在教育领域的顺利应用，确保会计专业所接受的教学理念、学习理念是正确的、积极的、向上的，能够和社会需要、教学需要达成一致。第三步，教育系统内部严选。从本区域内的多个高等院校财会专业的负责人中挑选一名任组长，其工作主要是抓会计教育，因此必须确保责任到人，权责分明，而且确定追责制，可以参照人大代表的选举方式予以定期换届选举，具体的选民除了各个领导班子以外，还可以选择一定数量的学生代表，让学生充分发挥主观能动性，选择自己信任的教师，带领本专业走上新的发展道路。

（二）将“互联网+”、大数据、网络化、智能化等高精尖技术引入会计专业教学过程

将“互联网+”、大数据、网络化、智能化等高精尖技术引入会计专业教学的过程，实现资源的覆盖度和层次的提升。在大数据时代，人才培养新模式工作中的重难点就是如何借助“互联网+”、大数据、网络化、智能化等高精尖技术拓展教学资源的深度和广度，因此，可以从以下几个方面入手：①现阶段关于国内高等院校资源建设的相关研究成果中，搜索最多的关键词分别是“资源共享”、“校企合作”以及“高等教育”，通过这种高频率出现的词汇可知，当前高等院校充分重视教学资源的重要性，大数据时代高等院校会计专业的新模式、新发展必然需要依赖教学资源，所以拓宽其覆盖度、加强其深度是必由之路。②借助互联网和大数据的作用，建立资源库，该资源库应涵盖国内优秀会计教育领域的文献资料、实践案例、理论知识，以及世界上其他发达国家在会计教育领域的优秀经验。学生通过对资源库的学习可以培养发展的眼光，明辨自己的不足，确定未来努力的方向。该数据库除了对最基本的教学内容进行补充外，还应建立配套的人才数据库。每年的应届毕业生都需要在人才数据库中备案，成为“数据资源”，基于此，可以有效地检验会计专业学生的学习效果和学习质量，还可以充分应用专业聚拢的特点，向优秀单位输送人才，对缓解整个会计行业的就业压力有一定的益处。③通过“互联网+”、大数据、网络化、智能化等高精尖技术优化调整传统的师生学习方式，有效实现大数据时代下会

计人才的培养目标。

（三）发挥教师和学生的主体作用，实现师生教学方式上的调整和优化

教师和学生是学习方式中的两个主体，二者发挥着各自的作用，缺一不可，想要真正实现会计专业师生学习方式上的调整和优化，可以从以下几个方面入手：①充分了解“互联网+”、大数据、网络化、智能化等高精尖技术的内涵定义。区别于传统的会计，当代会计需要适应高科技技术的转变，并且充分利用这些高科技技术辅助自身的财务工作。②高等院校培育新型复合型会计人才，需要借助网络平台的支撑作用，所以要着力建立高效的、实用性的网络平台，而这可以依靠国家教育系统的力量统一建设，也可以从自身院校的需求出发，建立个性化的网络平台。网络平台建成之后的日常维护运营也至关重要，需要切实保障信息系统的更新和安全性，使已经投入了诸多人力、物力、财力的网络平台能发挥它的优势作用。良好的运营效果需要定时巡检的督促，及时发现漏洞并予以补全。③教师要从自身出发，树立求学精神，使自身的职业技能跟得上时代需要，学习使用先进的互联网工具与时俱进，学校也需要给予教师有针对性的技能培训，将最新的互联网技术、大数据技术、智能化技术、网络技术等，传递给每一位教师。在不断督促和相关政策的要求下，教师自身的职业能力和教学方式在不断完善，也能主动站在学生的角度看待问题、思考问题，充分重视学生的主体地位，使最终的教学效果得以提升。

（四）借助网络在线课程促进学生学习

在当代高等院校会计人才培养的过程中，除了依靠本校的师资力量以外，也要充分借助社会力量，如网络上大范围覆盖的免费公开课、直播授课等。各高等院校可以鼓励学生通过网络平台广泛学习更多的会计知识，为日后走上工作岗位提前储备技能。这种在线平台授课能够有效节省人力、物力以及教育资源，同时也可以拓宽学生的眼界，但这要求学生必须具备较高的计算机应用水平，并且有较好的自控力，能够真正利用互联网平台达到学习的目的。与此同时，教学教师也要突破传统思维的禁锢，正视互联网的优势作用，确保自身的教学能力能够与时俱进，在互联网的帮助下，获得较好的学习成果。

高等院校自身也要提供信息化平台，建立健全基础设施建设，无论是硬件设备还是软件设备，都需要配备到位。在信息化时代，多数高等院校都建立了微博、微信公众号等公众平台，可以借助这些平台推送关于会计学习的相关视频或者文章，助力推进会计学习的效果。从社会的层面出发，要从根本上重视新时代背景下高等院校会计人才培养的重要地位，督促企业、社会、行业分享各自在财会工作中的优秀经验，使企业之间、学校和企业之间实现资源互补、紧密沟通。当前时代，大数据也是基于互联网存在的。因此，我们需要借助大数据的作用筛选优质信息，为会计专业的学生推送一些行业信息、技能信息、比赛信息等，鼓励学生通过多元化的学习平台和学习手段来提升个人能力和职业素养。除此之外，当今社会也格外重视分享的作用，分享可以达到“1+1＞2”的效果。所以，借助互联网的渠道，可以形成教师、同学、企业、行业彼此之间的联系，在互相信任、互相依靠的环境中分享案例，以此来推动教学模式的改变，调动学生的参与度，实现良好的学习效果。

高等院校教学教师也作为会计教师，需要深刻认识到大数据会计教育带来的影响，能有效把握发展脉搏，然后切入展开教育改革，让会计教学在新时期取得更好的发展。对于教学活动信息化偏低这个问题，会计课程教师要引起重视，通过合理的信息技术手段，重构教学课堂，让会计教学可以实现信息化的发展。从当前的实际来讲，可以应用于教学的信息技术手段很多，如在线慕课、VR技术、智慧课堂软件系统等，在开展会计教学的环节，教学教师可以合理运用这些智能技术。比如，在课前教学的导入环节，教学教师便可以通过新媒体技术，引入一些具有趣味性的案例素材，让学生先对案例素材进行分析讨论，炒热课堂气氛之后，再切入到课本知识的教学。而在进行课本理论知识教学的时候，教学教师可以通过在线慕课引入一些经典的教学视频，让学生跟着视频进行学习。另外，还可以借助VR技术构建虚拟实践场景，让学生通过智能设备感受虚拟场景的氛围，对学习到的会计理论知识加以实践应用，强化理论认知。教学教师通过多元化的信息技术，实现会计教学课堂的重构，能够取得更好的教学效果。除此以外，在进行会计教学的时候，教学教师需要摆脱以往统一化、同质化的教学模式，关注学生个体差异，从学生实际出发，构建起层次化的会计教学课堂，给每个学生创设具有针对性的教学活动；还需要构建多样化的评价方法，综合使用多种方法，从不同角度对学生进行评价，以确保教学评价的真实可靠。

第五节　大数据时代会计专业人才培养课程体系的构建

进入21世纪以来，信息技术的爆炸式发展给传统的会计行业带来了巨大的冲击，会计机器人、云会计、财务共享、“互联网+”、区块链等新名词令人眼花缭乱。可以肯定的是，这些新技术的发展促使会计行业无法逆转地进入了一个数字化、智能化发展的新阶段。面对这前所未有的变革，很多高校都在思考会计行业将如何发展、如何培养未来的会计专业人才。由于对各种新技术认识的不同，目前大家对这些问题尚未形成统一的观点，有人认为会计专业即将消亡，也有人认为应该对财会专业的学生加强计算机编程方面的训练。本节在分析现代信息技术给会计行业带来深刻变化的基础上，探索未来财会专业人才应具备的基本素质，进而对培养这种基本素质的核心课程体系进行了研究。

一、大数据时代会计职业的转型定位与素质要求

（一）信息技术的发展对会计行业带来的冲击

信息技术的发展提高了会计数据的处理效率，将财会人员从繁重的简单重复劳动中解放出来，从事更有价值创造性的工作。特别是以下三项技术，给会计行业带来了巨大的冲击。

1. 会计机器人

会计机器人就是人工智能在会计领域的应用。与其他信息系统相比，会计工作的数据来源广泛、数据量大，但有大量的重复、周期性明显；并且数据处理流程复杂，有严格的程序规定。会计机器人的出现可以减少对这些简单重复、有规律可循的工作的人工投入，大大提高工作效率。可见会计机器人主要应用在会计基础数据的收集、识别、处理、加工等能够程序化的工作上，能大大降低会计信息生产成本。基础数据处理的效率提高和成本降低，促使会计数据的深度利用成为可能，企业账户层面和交易层面会计数据以及相关业务数据相互融合，实现业财融合、财务共享等管理模式的创新。

2. 区块链

区块链本质上是一个去中心化的数据库，它是按照时间顺序将数据区块以顺序相连的方式组合成的一种链式数据结构，并以密码学方式保证不可篡改和不可伪造的分布式账本。由于工作的特殊性，会计对数据的真实性、可靠性要求高，处理过程中对数据的安全性、保密性要求高，对区块链技术来说大有用武之地。未来区块链技术可能会促使会计记账方式、记账流程、报表披露等方面产生根本性变革，进而引起审计鉴证、交易认证、内部控制等业务的变化。①

3. 云会计

云会计其实就是利用云技术在互联网上构建虚拟会计信息系统，完成会计工作的一种新模式。传统的会计工作需要购买会计软件，并安装在电脑设备上，而云会计的出现可以突破这种现实局限。在云会计环境下，会计信息共享在“云端”，通过手机、平板和电脑等终端，会计人员可以随时随地对会计业务进行处理，大大提高了工作效率；企业管理层也可以及时了解企业的会计信息。目前对云会计比较担忧的是其安全性，大量的数据存储在“云端”，一旦云存储中心遭到破坏或攻击，后果将不堪设想。随着云服务平台运行稳定性的增强，云会计将大大降低企业的管理成本。

信息技术的迅猛发展把人类社会带向了大数据时代，数据成为最重要的资源，谁拥有更全面的数据，谁就占据了制高点。如何通过强大的机器算法获取有价值的信息，是大数据时代的难题。对不同数据进行专业性的分析，可能是未来职业发展的重点，如医生通过分析病人的体检数据，挖掘疾病的成因和规律，让诊断和治疗变得更加准确，但没有经过医生职业训练的人，即使看到同样的数据也很难做出正确的诊断。

（二）大数据时代会计职业的转型定位

对于会计行业来说，企业建立起内部数据共享中心，各职能部门之间的信息孤岛被打破，每天有大量的财务会计方面的数据产生，以及其他各部门的非结构化、碎片化的数据，再结合宏观政策、经济环境、行业发展、消费潮流等企业外部数据，成为大数据会计工作的基础数据来源。这些数据具备

---

①许驰，武志勇．大数据时代高校会计专业人才培养模式创新研究[J]．经济研究导刊，2023（10）：105-107.

的特点是：①来源广泛，包括企业内部各部门、税务机关、银行、市场监管部门、财政部门等；②结构复杂，既有结构化的数据，也包括半结构化、非结构化的数据；③形式多样，文本文件、图形图像、音频视频等都可能成为数据来源；④数据量大，单位数据的价值含量低。如何在大量数据中挖掘出有价值的信息，将成为最具创造性的工作。

在大数据时代，企业管理的复杂性要求会计信息系统向更加精确、智能化方向发展：一方面会计控制工作要前置，在预算控制、业务审批时就应进行会计控制；另一方面会计管理工作将从以提供反馈信息为主，发展为以提供预测信息为主，为企业管理提供及时可靠的决策信息。而这些可能是未来会计工作的主要内容。

在这种情况下，大数据时代的财会人员，除了少数从事基础的财务数据收集、整理工作以外，大部分人员的工作将是对财务会计数据进行数据挖掘与分析。他们的分析对象除了公司内部的基础财务会计数据外，还有同行业数据、宏观经济数据等企业外部的大量数据，而分析的目的在于给企业经营管理提供会计信息，为企业创造价值。分析的主要内容包括两个层面：战略层面包括企业外部环境评估、长中短期策略制订、市场趋势预测、内部资源配置等；经营层面包括投融资计划、成本控制、营运资金管理、生产采购流程决策、库存管理、市场开发决策、新产品研发决策等内容。

（三）大数据时代对会计人员的素质要求

对财务会计数据的分析能力将成为财会人员的核心竞争力。这虽然需要借助大数据分析工具，但不是计算机人工智能能够随便替代的，需要经过严格的专业培训和多年经验积累，因而具有显著的专业特征。要培养这种分析能力，需要从以下三个方面进行努力。

第一，数据思维能力，即要培养用数据解决问题的思维习惯。对数据价值的把握绝非易事，既需要一定的专业训练，也需要长期的经验积累，才能具有对数据的敏感性，善于从数据中发现规律。

第二，数据处理与分析能力。需要掌握一定的信息技术知识和技能，包括如何收集数据、管理数据、处理数据，还包括数据建模、分析结果的可视化呈现等基本技能。

第三，数据应用能力，即需要培养用数据解决企业经营过程中具体问题的能力。这需要在实践中不断积累经验，充分发挥财会人员的创造性和认知性，提高发现问题、分析问题和解决问题的能力。

只有通过这三个方面的学习和训练，财会人员才能适应大数据时代的需要。

二、大数据财会专业人才培养目标与课程体系构建

（一）大数据会计专业人才培养目标

大学教育是为学生未来的职业发展奠定基础。经过培养和学习的大数据会计专业人才应该具有较高的财务数据分析能力，具备扎实的数据思维能力，掌握了数据处理和分析技术，并能将其应用于实际问题的解决方案中。他们善于运用大数据和人工智能技术进行系统设计、分析、决策和评价，具备财会专业的基本职业判断能力，能通过敏锐的洞察力对信息进行恰当分析，及时分析和解决财务工作实际问题，能够在大中型企事业单位从事财务管理与综合分析工作，在证券公司、会计师事务所等专业中介机构从事与财务、会计、审计、行业分析等相关的专业工作。

（二）大数据会计专业人才培养的课程体系

人才培养的课程体系就是教学内容按一定程序组织起来的系统，是人才培养活动的载体，一个完整的课程体系包括通识教育课、学科基础课、专业必修课、专业选修课以及专业实训课等内容。与传统的会计专业课程体系相比，大数据会计专业人才培养的课程体系只有突破陈规，全面创新，才能培养出社会急需的大数据会计人才。我们设计了一套课程体系（见图2-1）。

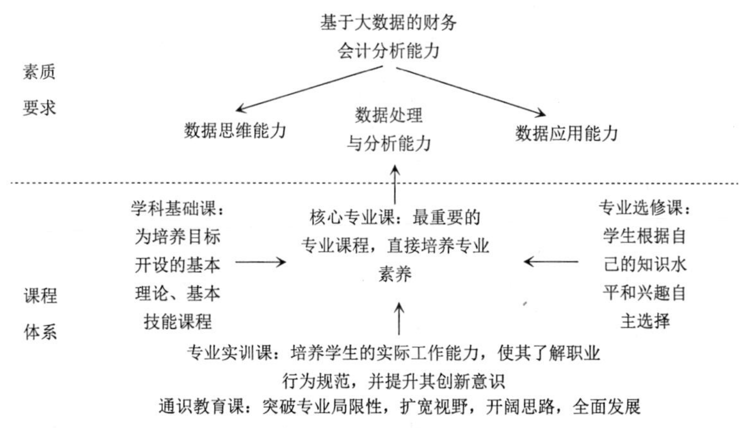

图2-1 素质要求与课程体系结构图

核心专业课位于结构图的中心位置，既对整个课程体系起到提纲挈领的作用，又直接对接专业素质要求。对于大数据会计专业来说，应开设《数据科学与会计信息系统》《Python语言在财经领域的应用》《大数据技术及其应用》《财务共享与业财融合》《大数据管理会计》《大数据财务分析与可视化报告》《大数据与财务决策》等七门核心课程。

学科基础课是为培养目标而开设的基本理论、基本技能课程。对于大数据会计专业来说，应增加高等数学、统计学、现代信息管理技术等课程，以培养学生的基础能力。

专业选修课是学生根据自己的知识水平、兴趣爱好以及未来职业规划自主选择，加深了解的课程，既包括更复杂的信息技术课程，如深度学习、自然语言处理等，也包括行业应用的垂直课程，如大数据审计等。

专业实训课程是为了培养学生的实际工作能力，让他们了解职业行为规范，并提升其创新能力。其中毕业设计是最重要的实践环节，应将学生置身于实际业务场景，让他们用数据去解决实际业务问题。

通识教育课位于结构图的最底层，但这并不代表它是最不重要的课程。通识教育课以学生的全面发展为出发点，突破专业的局限性，帮助学生扩宽视野、开阔思路。例如，可以在通识教育课中增加一些信息技术应用环境下的职业道德培养，如数据保密、安全等方面的课程。

（三）核心专业课程体系

在这个结构图中，最为重要的是专业课程体系的构建。笔者设计了一套7门核心课程体系，具体内容如下。

《数据科学与会计信息系统》。该课程在整个体系中起到了提纲挈领的作用，向学生普及大数据知识，培养学生的大数据思维。它通过大量案例和实训让学生体会“数据驱动型生产模式”，以及在这种新的生产模式下财会行业的重要作用和工作方式。

《Python语言在财经领域的应用》。Python作为一门编程语言，越来越受人们的欢迎。在会计行业，由于语法的精确和简洁以及大量的第三方工具，使它几乎成为处理错综复杂的事务的唯一可靠的选择。因此让学生熟练掌握Python语言对其职业生涯大有裨益。

《大数据技术及其应用》。该课程的主要目的是向学生介绍和传授大数据技术的基础知识，包括云计算系统、分布式计算系统、机器学习等。其中，未来数据处理的基础设施可能都会挂在“云端”，因此学生需要掌握云计算技术；而随着数据越来越多，分布式计算已成为数据处理的必要手段，也成为大数据专业人才的必备技能。

《财务共享与业财融合》。在大数据时代，会计业务都在企业的共享平台上完成，实现了高度业财融合。因此，这门课主要让学生掌握会计核算的内容与程序、与业务流程的融合，会计数据的产生过程和深刻内涵。当然，随着信息化程度的提高，会计核算流程肯定会进一步简化，课程内容也要相应地进行调整。

《大数据管理会计》。大数据技术的发展为管理会计的功能发挥提供了全面、充足的数据支持，也为管理会计的发展奠定了良好的基础。因此这门课的内容要根据大数据思维重新进行调整，如对成本性态的分析，可以让学生收集生产车间的大量数据，然后自己建模分析，确定企业的固定成本、变动成本。

《大数据财务分析与可视化报告》。该课程向学生介绍如何利用大数据技术更加科学、准确地分析企业财务情况，预测企业财务风险，并且编制可视化的分析报告。这是大数据财会专业人员必须掌握的基本技能，学生应该熟练掌握。

《大数据与财务决策》。该课程向学生介绍如何利用大数据技术为企业财务决策提供支持，具体的财务决策内容包括投融资决策、股利分配决策、企业并购决策、资金管理决策、信用政策决策等。

在这七门课中，第1门是为了培养学生的数据思维能力，第二门和第三门是为了培养学生的数据处理与分析能力，而最后四门则是为了培养学生的数据应用能力。它们构成一个完整的体系，是大数据财会专业人才培养的核心课程。

三、大数据会计专业人才培养课程体系的配套措施

为了让本节提出的课程体系能够得以实现，为培养大数据会计专业学生发挥积极的作用，亟待解决的问题是打造合格的师资队伍，编写合格的教材，并结合现代先进的教学手段，探索更适合的教学模式。

（一）师资力量

目前参与大数据会计专业教学的教师，几乎都是传统的会计、计算机等专业的教师。他们中的大部分未必有大数据的从业经验，也无法要求他们能够马上胜任全新的大数据会计专业的教学工作。因此，迅速打造一支合格的师资队伍是当务之急，最可靠的方法是选择一些教学经验丰富，又具有一定计算机基础的教师进行培训，加强他们的大数据思维能力，掌握一定的大数据技术和方法，参与一些大数据分析项目，促使他们具有大数据会计专业的教学能力。

（二）教材编写

对于这个全新的课程体系，最大的挑战在于教材内容的重新编写。传统的会计专业教材，大多数是针对某个企业而编写的。例如，目前大部分财务分析教材都是对某个企业的财务报表进行分析，最多再加一些行业比较、著名案例等，这很难适应大数据分析的要求。在大数据时代，财务分析的数据来源更为全面，对数据的挖掘更加深刻，很可能会产生更加创新的分析方法，这些都需要及时总结，编写到教材中去。

（三）教学手段

一方面，在大数据时代信息技术充分发展，教学工作应该跟上其前进的步伐，不断改进教学手段；另一方面，对于大数据会计专业人才的培养肯定要更多地利用数据技术和手段，这与传统会计专业的人才培养可能有很大不同。当然，具体教学手段的运用还需要广大教师在实践中不断总结经验，进一步完善教学模式。

21世纪是大数据的时代。在大数据时代，数据就是新资源，这一点已经成为全社会的共识。各个行业通过与大数据技术的结合，拓展新的内涵和外延，取得了重大发展。传统的财会专业在大数据时代的冲击下，也发生了深刻的变化。如何培养适应大数据时代合格的会计专业人才，是我们现在需要考虑的问题。笔者认为，在大数据财会专业人才培养体系中，至少应包括《数据科学与会计信息系统》《Python语言在财经领域的应用》《大数据技术及其应用》《财务共享与业财融合》《大数据管理会计》《大数据财务分析与可视化报告》《大数据与财务决策》等七门核心课程，才能完整全面地培养大数据财会人员所需的知识体系和技能要求。当然，这还需要进一步培养合格的师资队伍，深化课程内容，改进教学方式，完善培养模式，才能培养出适应大数据时代的新型会计专业人才。

第六节 大数据时代会计专业人才培养路径

近年来，互联网迅速崛起，互联网与传统行业的深度融合，对社会各行各业的发展产生了广泛而深入的影响。会计工作作为管理活动的重要组成部分，不可避免地受到了重大而深刻的影响。在大数据环境下，互联网承载的思想和技术，冲撞着传统会计业务，用人单位对专业人才提出了更高的职业要求，会计人才培养面临着新的挑战和机遇。而高校作为培养创新实用型会计人才的摇篮，探索如何适应大数据环境，并充分恰当运用互联网技术，深入推进教育改革，培养新时代合格的会计专业人才是一项紧迫且具有重要现实意义的课题。

一、大数据对会计专业人才培养提出的挑战

互联网经济的繁荣迅速改变着社会公众的日常活动方式。云计算、物联网等信息科技爆发，电子商务平台化、电子发票、电子银行迅速普及，会计信息确认、核算、管理、安全已然成为重要的命题。“互联网+”改变了企业的运作模式，会计人才培养面临着新的挑战。

（一）会计基本职能地位发生改变

核算和监督是会计的基本职能，传统会计人才培养十分注重核算技能的教育。而在依托互联网技术、云平台的大数据时代，各类会计业务的核算流程得到了十分显著的简化。目前电子化发票、凭证、账簿等现代信息技术正逐步取代纯手工填制的纸质会计文档，解除了传统的频繁重复劳动对会计人员的束缚；此外，算盘、计算器等会计信息处理工具的地位被计算机所取代，不同部门的员工可以通过计算机进行远程操作，实现数据、信息共享，提高工作效率。这两方面的变化，使社会对会计人员有了更高的职业能力要求。企业对基层核算财务人员的需求量将大幅度降低，绝大部分企业都提出了“数据收集、分析与决策能力”方面的要求。单一的会计核算人才随着企业发展需求的改变已不再是时代的主要需求，会计从业人员的工作重心要向

信息深入分析上转移。在会计专业人才培养过程中，高校不仅应注重使学生精通财务会计核算，而且应加强学生对管理会计知识的学习，推进培养模式由传统的静态财务会计向新型的动态管理会计转变，更好地发挥会计的预测、控制、决策等其他职能，以便更好地对接行业职业标准。①

（二）会计组织形式愈加开放

伴随着通信技术和软件系统的普遍应用，其高效集成的特性使得会计数据和信息的传输速度显著提高，简单重复标准化的财务工作得以集中处理。会计由独立的核算模式转向集中的财务共享模式是顺应时代发展且不可逆转的趋势。各会计主体的会计信息质量及核算效率将得益于财务共享模式的统一核算而显著提高，不会再像手工会计那样受到空间的制约。此外，传统会计工作随着大数据技术的发展日渐摆脱了地域的束缚，线下业务逐步向线上模式转变，并成为会计服务机构的主流。代理记账网络化、在线财务管理咨询、云会计与云审计等开放服务模式引领着会计工作方式的潮流；填制记账凭证、登记账簿以及编制财务报表、纳税申报与税款缴纳等日常业务都可以借助互联网远程操作处理。大数据技术催生了新型会计服务体系的产生，同时也促使会计工作突破时空地域的限制，不但能够为使用者提供基础财务信息，还能够依托新兴的网络技术，为分析者的相关决策及时提供更全面、动态的会计信息。

（三）会计知识传播渠道更加多元

在传统的会计教学模式中，教师是主角，学生则被动地接受知识的讲授。大数据的迅速普及，使会计学习方式变得更加多元化。多数校园都已经被网络信息化技术覆盖，远程教育、教学资源库等各种技术手段被充分而灵活地运用。移动APP随着智能手机的普及发展如鱼得水，慕课、微课、QQ等互联网络工具丰富了学生的学习方式。在课堂教学过程中，高校教育工作者除利用计算机外，还可以引入“慕课”“翻转课堂”等新型教学方法，充分运用微信、微博等手段，调动学生获取知识的积极性，通过互联网平台改变传统枯燥的教学模式，提高学生学习的协同性。大数据时代对高校在会计专业人才培养过程中，能否充分恰当利用多元化的学习方式，迅速适应时代

①马亚平．大数据时代高职院校会计专业人才培养路径研究[J]．中国乡镇企业会计，2023（6）：184-186.

环境提出了挑战。

二、大数据时代会计专业人才培养路径探索

（一）强化互联意识，创新会计专业人才培养目标

“云技术”的运用将使传统会计核算处理方法变得便捷，记账、报账、核账、审账等都能在网上实时完成，这对会计人员也提出了更高的要求。学校要适应大数据环境，为满足企业需求培养“产销对路”的专业人才，而其首要任务就在于确定合理的人才培养目标。因此，学校应当广泛开展社会调研，根据第一手资料分析当地会计人才的市场供需情况，进行客观的自我定位。深入了解不同用人单位对聘用者在职业资格、职位技能以及职业操守等方面的要求，并与其他同等层次或高层次的院校的培养模式进行比照，积极借鉴可取之处，同时邀请专家成立讨论组，为互联网下高校会计人才培养目标的合理确立保驾护航。在原有的人才培养计划的基础上，吸收国内外相关专业人才培养模式的精华，改革传统的人才培养目标，及时更新人才培养方案。为适应大数据时代发展需求，学校应更加注重强化学生大数据意识，对课程设置及时进行改进，提升学生在信息整合、数据分析等方面的能力，培养出为用人单位所青睐的人才。此外，也不能放松对学生职业道德的教育，“立德树人，素质领先”，学校要培养学生的社会责任感和人文科学素养。

（二）实施数字管理，构建科学合理课程体系

人才培养模式的优化离不开课程体系的科学化，专业人才培养目标确立后，高校应合理地调整专业现有课程体系。开设课程应该以新时代会计发展领域以及会计结构变化为依据，课程体系的构架应结合互联网做出相应调整与转变，以期锻炼并丰富学生的互联网思维。在课程设置中，要高度关注大一、大二学生基础课程中有关数据分析部分的课时分配，可以在计算机应用方面的课程里新增检索课程，以提升学生的数据收集能力。此外，还应该增设网络安全、大数据技术、XBRL等相关基础理论知识课程，为学生能熟练自如地运用信息技术处理会计信息奠定基础，使学生能够成为具备较高信息技术素养的复合型会计人才。在专业课程设置方面，重视风险管理、成本会计、管理会计等课程的学习，提升学生会计信息分析及辅助决策能力。课程体系可以从纵向视角建立三个层次——会计学基础课程—数据分析基础课

程—决策能力提升课程，其中与计算机知识密切度较高的课程可安排相关专业教师任教。课程体系的完善需要合适的教材作为载体。在教材改革方面，学校应从全局视角就会计学科的教材建设进行设计，做到各门课程有机衔接，以避免相同或相似课程内容的重复开设。不仅如此，学院也可以将本校特色与当前会计市场实际情况结合起来，编写更贴切、合适的个性化教材。

（三）推进校企合作，设置实践交流新平台

专业化人才的培养与实践训练教育密不可分。会计专业教学要紧密结合实际开展，学校应加强与企业的沟通交流，通过校企联姻提高校外实践教学质量。各高校要积极主动联系新工艺、新技术的代表性企业，建立校外实训基地，为学生掌握专业岗位实务技能提供一个真实的工作场景，增强学生实践能力训练，提升毕业生的就业竞争力。除了与一些实体企业进行联合外，高校还可以与一些网校企业合作，借助“云平台技术”进行在线学习，及时对学生的学习行为进行总结分析，进一步改善学习效果，从而不断促进完善人才培养方案。不仅如此，还应积极通过校企合作来开发会计立体化教材。教材要在传统纸质书本的基础上，依托网络信息技术平台，整合各类形式丰富的教学资源。在校企合作过程中，院校要充分了解用人单位各类会计岗位有关核心能力要求，聘请实务经验丰富的会计领域专家、企业财务经理等来指导教材的编写，通过相互交流合作共同开发出有利于提高教学质量的会计实用性教材。

（四）转变思维方式，促进师资队伍新升级

专业人才培养质量的高低在很大程度上受制于高校教师队伍的综合素质。大数据时代，兼具计算机网络技术、电子商务等知识的师资力量在会计学人才的培养过程中是不可或缺的。首先，高校应在互联网知识方面加强教师培训，促进教师互联网思维的形成。在全新思维的引导下，进一步全面推进教学理论的创新变革，在传统课堂教学中融入互联网的新元素，并以社会的需求为导向，开展学生感兴趣的教学活动。其次，高校必须定期组织教师去企业进修学习，通过“访问工程师”制度的开展落实，使教师在参与企业实践活动过程中切身感受大数据对会计实务的巨大影响。教师积累了丰富的实践经验后在传道授业过程中才能有理有据，使教学内容变得更加形象。最后，高校还可以从外部聘请注册会计师或实践经验丰富的优秀财务经理人来为学生授课，使理论和实际能够充分地结合起来。

当今互联网的急速发展深刻影响着社会经济各领域，促进了各行业的管理模式、经营方式的革新。在大数据时代这一新的背景下，高校应努力探索出一条顺应时代潮流的人才培养路径。“互联网+会计+管理”是当前会计专业的显著特色，也是会计行业在未来的发展方向，高校要顺应时代的发展、企业的需求，注重人才培养模式的优化，针对在培养专业人才中存在的问题，努力探索改善路径，如创新人才培养目标、重构课程体系与教学内容、推行校企联姻、加强教师队伍培训等，对会计人才开展360°全面培养，构建出具有应用型特色的专业人才培养模式，以期为社会输送满足企业发展需求的全能专业会计人才。

第三章　大数据时代会计教学改革的新思维

第一节　大数据时代会计教学改革的运行机制

互联网、大数据等现代信息科技的发展，无论是对教育观念、教学思想、培养目标，还是教学模式、教学方法、教学组织形式等都产生了重大影响，从而促使高等学校的教学过程发生了深刻的变革。

一、大数据时代背景下会计教学运行机制

（一）教学目标的改革

在大数据会计环境下，会计人才不仅要懂得会计理论知识、会计核算业务以及财务管理知识，还必须知道如何应用会计软件来实际操作这些业务及如何优化企业的网络会计环境来实施网络会计，唯有这样，学生才能实际胜任会计工作岗位。部分高等教育现行的教学目标定位没有重视网络会计方面的需要，已经开始对毕业生的就业前景产生了负面影响。近年来，会计专业的毕业生，由于会计电算化方面的技术达不到一定的水平，相比更加全能型的毕业生相对失去了更多更好的就业机会。可以肯定，如果这个问题不加以解决，今后毕业生的就业将会更艰难。所以，我们的教学目标要改革，要兼顾学生会计业务能力和会计软件的实施及操作能力的培养。树立复合型人才教育目标，用前瞻性的眼光突出和加强网络会计的地位。①

（二）教学理念的改革

大数据时代为会计学科体系扩充了新的内容，加入了会计软件、电子商务等方面的内容，而且这些课程之间具有纵向上的层次递进关系，在横向上又具有内容方面的关联。其中，电算化类课程的部分内容更新还比较快。

在大数据时代下，会计专业教学理念要转变，要用更开阔的视野和发展的眼光来看待专业教学，使专业的包容性更宽，而不应为了迎合市场上的某

①倪萍．大数据背景下高职会计专业教学改革研究[J]．老字号品牌营销，2024（19）：201-203.

种需要去设置过细的方向，在会计专业中再设“注册会计师”“会计电算化”“会计学”等方向。因为，就会计专业来说，它是定位于培养基础性专业人才的，显然，会计理论基础知识、会计业务技能、电算化技术应用能力都是必需的，没有必要在这些方面厚此薄彼。对学生在会计学理论方面或会计电算化方面进行进一步的专门培养，那是研究生阶段的事情，到研究生阶段再去设一些较细的方向。同时，学生从在校学习到毕业后在单位从事会计工作有一个时间差，因此学生所学知识能为日后所用是十分重要的。一般来说，学校教学内容是相对静态的，在一个时期内变动较少，而会计工作实务却是相对动态的，随着国家的会计制度或有关政策的变化，会计核算方法也会发生变化，随着会计电算化技术的不断发展，会计核算手段也会不断推陈出新。因此，会计教学要有前瞻观念，在市场经济条件下，有关会计制度和会计准则方面的变化趋势问题要在教学中加以体现，对已经出现但尚未在企业广泛推广的较先进的会计软件要加以介绍，以保持教学内容能符合会计实务的实际和发展趋势。

（三）教学方式的改革

今天的高等教育不仅要向学生传授书本知识，还要注重培养学生获取知识的能力、动手能力和创新能力，而这就需要在教学中向学生提供较为丰富的教学形式，包括情景教学、案例教学和专题讨论等，而这样一系列的教学方式需要的素材资源是十分丰富的。一般来说，学校内部不可能提供这些素材的全部，学校提供的教学条件是有限的，因此，向校外寻求教育资源补充是很有必要的。实行开放式教学就有利于利用校外各种教育资源。组织学生“走出去”学习，可以利用校外企业的网络会计设施实行现场模拟教学，以弥补因学校实验设施不足而无法进行的一些实验。学生通过在校外接触企业会计实际，可以尝试解决一些学校教学中没有触及的实际问题。通过请校外有关专家进行专题讲学，可以弥补校内教师某些教学方法的不足，有利于学生拓宽视野、定期接触到学科方面新的动态。同时，实践教学也要进一步加强。这里要抓好两个方面：一是要多上一些实验课，除了在课堂上安排实验课外，还应增加一些开放的实验课，为那些需要进一步加强练习的学生和有兴趣、有潜力在电算化技术方面进一步探讨的学生提供更多的实验机会。二是对现行的实习环节做些改革，目前学校大多只安排有毕业前实习，以准备毕业论文，由于这个时期学生大多忙于工作或考研，可能没有太多的心思用于实习，所以实习效果并不太好。面对新的情况，学校可考虑增加学年实习，以便学生在学习中途有机会接触实际，从而更好地领会和消化阶段性学习内容，也可安排学生在假期进行一些专题实习。

（四）课程体系的改革

当前，高等教育会计专业课程体系设置是按必修课和选修课两个方面来进行的，从其布局来看，这种课程体系设置是和传统会计下的专业教学要求相适应的。它具有一定的重理论、轻实践，重讲授、轻操作，重实务介绍、轻手段培训的倾向。从另一个侧面看，涉及电算化手段内容的课程仅2～3门，由于电算化教学内容涉及软件设计原理、会计软件应用、电子商务、网络会计环境建设、数据库知识等多方面内容，要将这些内容压缩在1～2门课程中，显然是达不到应有教学效果的。因此，现行课程体系有待进一步改革，一是要增加网络财务方面的课程，正常来说，应该有4～5门课程，其中还应该设有主干课程，以突出其主要地位，尤其要增设网络会计实施方面的内容，这在目前的教学中基本上属于空白点。二是在课程体系中应适当增加实验课程，以利于学生学会应用会计软件，帮助学生向企业会计员的角色转换。当前，在毕业生就业市场上，有不少招聘单位都要求所招人员有一定的工作经验。所以，在加强理论知识的同时还要提高学生的实践能力。

二、基于慕课（MOOC）的实践教学运行机制

（一）设计理念

按照会计专业实践教学过程实践性、开放性和职业性的要求，根据职业岗位层次、职业能力要求分门别类设置网络模块。此外，在调查现有慕课基础上，分类已有在线课程，以现有实践教学体系为支撑，配套网络实践环境、软件，构建基于慕课的实践教学平台。

（二）功能设计

在线教学平台是实施基于慕课的会计专业实践教学基础，应满足学生实践的要求、可用性的需求，并提高其学习持续性，功能设计应简洁易用，教学资源应呈现多元化，其基本功能应包括基于数据库的大规模学期教学管理、学生注册、课程链接及课程上线、兼容浏览器。运营一定时间后，还应

逐步实现手机、平板计算机等终端的访问接口，提供在线课程的即时测试，建立课程论坛，进行课后测试和平时作业，记录课程资源利用情况，提供在线问题研讨厅，配以实时在线辅导答疑，并提供成绩综合评定系统，为校内导师和企业教师提供综合评价平台。

（三）实施与保障

调动学生兴趣和参与性的核心是教师。在线教学平台的众多教学活动设计与组织机制，例如设置教学情境，组织教学内容，构建独立的、可以为学生自主预习提供结构完整的短视频、阅读材料，课中的反馈与答疑，设计课程实践情境、完善评价方式等，都需要保障团队来进行，这也对保障团队提出了要求。

会计专业实践教学体系的顺利实施需要专兼职教师团队，除校内专职教师外，团队中还需要网络技术专家、视频录制与制作专家和会计行业专家。网络的设计和视频的录制与制作可以外包给专业公司来完成，但优秀会计人力资源则需要不断的校企合作逐渐开发，进而保持稳定。

（四）实践课程评价机制

会计专业融合了导学、实践教学及学习环境一体化的网络平台，能够充分调动现行资源，如企业案例资料、各类财务软件、教学平台等，建立学生课内和课外与教师沟通交流的有效媒介。除在线模拟课程的“学”与自身工作项目的做之外，还需建立起实践导师导学、定期见面答疑和常态化网络答疑机制，改变在线课程以往的“视频+答疑”的简单学习与评价模式，形成学生自评、小组评分及计算机客观评分、实践指导教师评分等结合的实践评价机制。会计专业实践教学按照岗位课程的内容，将职业工作内容项目化，配套的课程评价机制则以项目评价为主。评价过程中既要检测学生对实践课程相关知识的理解、掌握程度，又要考查学生岗位技能的运用及模拟项目的完成情况，并附带评价学生通过课程的学习，在综合分析能力、表达能力、团队合作、道德素养方面达到一定的水平，进而全面提高学生岗位适应能力。

成绩评定以过程考核方式为主导。在实践课程学习过程中，对各岗位工作内容设置具体工作任务，完成阶段性工作任务，并根据提交的任务单，填写项目评价表。采用学生自评、小组评价，结合阶段性的课程配套软件成果统计的计算机评分；采用多元化的过程评价方法，教师指导过程参与各个成绩构成，起到有效的督促和指导作用；并且在岗位任务结束时给予总结性评分，综合性评定成绩。在具体操作中，学生自评采用定期评价，让学生参照由课程标准提供的任务单元和工作任务评价标准，对自己的完成情况及最终成果情况评定成绩。学生自评容易出现“估分过高”的情况，因而在总成绩中所占比重不宜过大。小组评价体现了学生自我的监督机制，根据项目情况组成模拟公司小组，每个小组成员承担一定的工作任务，小组内部建立相互监督和制约机制，发挥学生的自我管理，确定项目组长，由组长监督和考察，并定期评定本组成绩，同时，汇总学生自评成绩以计算机软件为主要操作媒介的实践项目，将软件自动评分作为成绩构成内容记入小组评分表。阶段性工作任务结束时，由教师进行检查和统一指导，并将阶段性评分评语记录于过程考核表单及小组评分表中，实践项目总体结束后，汇总各评分要素，最终确定综合成绩。

“多元”评价方式能够潜移默化地提升学生语言表达能力，增强学生自主管理、自主学习意识，提升学生自信心；引导学生不断进行自我反思，增强集体责任感，并加强学生间团结协作。学业成绩的多方综合评定形式更加人性化，最大限度地做到了公平、公正、全面。

第二节　大数据时代会计教学改革的主体分析

一、大数据时代会计师资队伍的建设

（一）会计专业教师课堂内部角色特性的重新定义

随着新课改方针的大面积覆盖落实，职业院校内部的会计专业开始大力提倡项目教学法，希望师生合作，营造课堂积极探究互动等愉悦氛围，使得学生能够在课后不断借助网络、图书馆渠道收集广泛课题信息，同时主动渗透到对应岗位领域中积累实践经验，至此不断完善自身的经济分析实力。通过上述现象观察，教师角色地位几乎发生了本质性的变化，并且其懂得朝着教学情境多元化设计、学生自主学习意识激发和会计专业技能科学评估等方向过渡扭转，规避了学生今后就业竞技过程中的限制因素。

在大数据时代，会计专业教师的课堂内部角色特性正在经历一场深刻的

变革。传统的会计教育侧重于理论知识的传授和基本技能的训练，而大数据技术的融入要求教师角色从单纯的知识传递者转变为数据驱动的教育者。教师需要不断更新自己的专业知识结构，积极学习大数据科学技术知识，以保持教学内容的前沿性和实用性；还要精通大数据采集、处理、分析与存储等科学知识，具备复合型的知识结构，以便在课堂上有效地应用这些技术。

（二）教师会计专业思维创新和团队协作意识的全面激活

教师应遵循会计行业专家科学指示，自主将会计一体化教学岗位实践工作内容，视为自我专业技能和职业道德素质重整的关键性机遇条件，积极推广宣传和系统化落实项目教学理论。作为大数据时代专业化会计课程讲解教师，应该敢于跨越不同学科的束缚，在团队合作单元中完善自身各项学科知识、技能结构机理，这样才能尽量在合理的时间范围内，将今后的工作任务过渡转化为项目教学策略并进行细致化灌输。

（三）不断提升会计专业教师团队整体现代化教学理念的培训研习效率

为了快速辅助会计专业教师进行岗位意识转变，相关职业院校领导可以考虑定期邀请会计分析专家前来开展专题报告工作，确保校本培训工作内容的大范围延展结果；再就是鼓舞相关专业教师明确掌握会计专业课程改革的现实意义，愿意投身到不同规模的职教学会、教研分析活动之中，或是参观教学改革成就突出的校园，及时更新自身教学规范理念，避免和时代发展诉求的脱离危机。①

（四）强化校园、企业的经济辅助支撑、人才供应等事务协作交流力度

为了尽量确保会计专业教学课程能够同步迎合企业、学生诉求，职业院校领导结合以下细节因素进行综合调试。首先，定期组织教师深入会计师事务所等单位进行实践体验，快速汲取各类创新知识养分并完善自身动手操作能力，为后期与学生精确探讨会计行业发展趋势奠定和谐适应基础。其次，邀请金融机构专家参与到校内经济类专业建设事宜之中，针对既有师资团队素质和技能优势进行挖掘引导；同时成立行业专家指导委员会，督促相关指导教师通过课堂收集的问题进行汇报咨询，听取其意见并进行校本教材内容革新并确定阶段化教学改造指标。最后，及时跟踪验证财会专业毕业群体就

①郭瑞敏．互联网大数据时代会计教育教学改革路径解析[J]．经济师，2024（4）：186-188.

业发展实况，结合学校既有会计专业课程设计形式进行对比验证，为今后毕业生职业生涯发展前景稳固提供丰富样式的预测疏导线索。

（五）借助校内各类科研项目成就带动会计专业教师教学质量协调控制力度

职业院校内部会计类专业课程系统化灌输落实的显著特征，就是集中一切技术、经济手段稳定学生实践操作能力并完善成果。结合以往实践经验进行综合校验解析，在校内建立起合理规模的科研项目和财会专业实训基地，稳定不同实验设备更新力度，能够为学生今后经济类职业发展前景细致绽放提供更为广阔的支撑动力。所以说，有关院校应该尽心竭力建立和完善一体化教室，配备各种会计模拟教学工具及设备；同时开放沿用不同类型高水平的现代化的财经实习教室，并全部进行教学联网，专门用于系统的财会电算化培训和学校的电算化教学。

二、师生进入移动自主学习角色

随着现代信息技术的迅猛发展，网络技术在教育中的应用日益广泛和深入，特别是互联网与校园网的接轨，为学校教育提供了丰富的资源，使网络教学真正成为现实，为有效实施素质教育搭建了平台，有力推进了新课程改革。现代信息技术的发展在为创新人才培养提出了挑战的同时也提供了机遇。运用现代信息技术教学具有“多信息、高密度、快节奏、大容量”的特点，其所提供的数字化学习环境，是一种非常有前途的个性化教育组织形式，可以超越时间和空间的限制，使教学变得灵活、多变和有效。处在教育第一线的我们，必须加强对现代化教育技术前沿问题的研究，努力探究如何运用现代信息技术，尤其是在课堂上将基于现代信息技术条件下的多媒体、计算机网络与学科课程整合，创新教学模式、教学方法，更好地激发学生的学习兴趣，调动积极性，使课堂教学活动多样化、趣味化、生动活泼、轻松愉快，提高教学效率。

课堂教学改革是实施新课标的重要基点。现代社会要求青年一代要具有较强适应社会的能力，并从多种渠道获得稳定与不稳定、静止与变化的各种知识。传统的教学模式是教师在课堂上讲课，学生在下面接受知识；而新型课堂教学模式是学生在教师指导下，通过积极参与教学实践活动，自主完成知识的学习，课堂变成了师生之间和学生之间互动的场所。面对常规的每一节课，面对基础不一的每一个学生，面对每一个新的知识点和每一个学生不同的需求，打造“翻转教学模式”下以学生为中心的高效课堂教学就显得十分重要。

（一）学生角色

学生进入移动自主学堂后会看到自己未完成的任务，其中包括教师发布的考试、作业和学习资源；自己制订的学习任务，如查看学习资源和错题练习等；系统根据学习曲线算法在适当的时间给学生布置相应的学习任务，当学生长时间没有复习和练习某个知识点时，系统会将相应的学习资源和练习推送给学生进行复习和练习。学生可以查看自己最近一段时间的学习记录，及时了解自己的学习情况。学习记录中包括最近学习了哪些资源以及学习每一种资源所用的时间、测试情况的反馈，包括每一个知识点测试题目的数量、正确率等信息。平时考试、做作业会产生错题，利用好这些错题可以有效提高学习效率。移动自主课堂考试、作业功能可以根据学生的学习记录自动剔除学生已经牢牢掌握的试题，从而缩短学习时间，提高效率。学生可自主在题库中随机（由系统根据算法进行预筛选）或指定筛选条件等多种方式抽取试题学习，以及根据学生的特点推送与学生掌握不好的知识点相关的试题供学生进行练习（缩短学习时间）。同时，系统根据高分学生的学习记录，推送这部分学生的学习资源和练习题供当前登录的学生进行练习，并根据练习题的测试情况调整推送参数，以探索最适合该学生的学习模式。针对每个学生的不同学习特点，系统会对学习资源进行有效分类。

（二）教师角色

教师可利用平板计算机或其他方式出题，同时指定试题的属性，如关联的知识点、体现的能力和难度系数等。对于试题的难度系数，系统可以根据学生答题的情况计算出来，自动将错误率较高的题目推送给教师并给出建议，如题目太难、讲解不够等，从而优化题库。为了提高教学效率及资源利用率，系统可以统计每个资源的使用情况，包括学习次数和时间等，并针对使用过于频繁或者过少的资源推送通知。教师可以通过考试系统发布随堂练习，及时查看学生学习掌握程度，以便解决学生本节课学习中存在的问题。考试系统根据历史数据，对试题库中的试题进行预筛选，剔除正确率非常高、近期出现频率过高的试题，同时将错误率过高、近期很少出现的试题前置显示，为教师提供更多的建议，从而提高出题质量，实现因材施教。在体现个性化教学方面，系统中的学生学习情况查询功能可以使教师了解学生的整体情况，包括错误率较高的知识点和题目。同时，将查询到的数据与相应学生学习资源的时间投入情况进行对应，以协助教师分析学生失分的原因。还可以针对指定学生，了解其最近的学习档案和考试、练习情况，包括其薄弱知识点、资源学习的盲区等，以便针对个体给出个性化的学习建议。

三、营造师生及生生互动的学习空间

（一）师生、生生互动

移动自主学堂采用先学、精讲、后测、再学，并有教师参与的教学模式。在移动自主学堂中，教师根据学科类型、知识点特点、学生特点、教学目标与教学内容等，可采用灵活多样的教学方式，并且系统可自动记录学生行为和教师行为数据。教学生之间可以针对某知识点的学习进行竞争学习，教师和学生之间可针对某知识点发起话题讨论等，在课堂教学中实现师生、生生互动。更重要的是，这样可采集到用于学生分析和管理的真实数据。

（二）个性化学习

在课堂教学中，虽然学生是在教师的安排下有序学习，但课上时间主要集中在教师对疑难问题的解答或教学内容精讲上。而那些课上没学会或缺课的学生，则可以在课外登录“移动自主学堂”，自主学习课堂教学中的相同内容。在课外，系统根据每位学生的学习路径和近期学习情况，针对教学过程中的重难点和每位学生的错误点进行个性化推荐。根据系统记录的学生错误试题的数据，教师也可以进行个性化指导。

信息化环境下移动课堂教学模式探究以“移动自主学堂”为核心，我们还设计了“四课型”渐进式自主学习方式。其基本模式是先学、精讲、后测、再学，即教师提前通过学生学习支持服务系统向每个学生发送资源包，包括导学案、课件、测试题及有关学习资源（包括微视频等）；学生参考资源包，依据课本进行预习和自学，并记录问题或疑问；学生通过平板计算机或其他媒介展示并反馈学习成果，或通过学生学习支持服务系统进行前测，通过测试展示学习成果或问题。对重难点内容由学生或教师进行点拨，在充分质疑交流的基础上进行归纳总结（教师与学生互动）。最后通过学习平台进行练习评价课，系统自动统计测试成绩并进行分析，之后由学生、教师或系统进行讲评、评价。

第三节 大数据时代会计教学的人才培养探索

高等院校已走过初创阶段和快速发展时期，逐步进入提升阶段，高等院校会计专业应抓住机遇、深化改革，从人才培养模式改革入手，对职业院校的人才培养目标进行分析并探究会计专业实践教学模式，构建一种应用技术型实践教学模式，使学生的实践能力直接对接企业，提高高等院校会计专业的教学质量和实训能力。

一、大数据时代网络会计的应用

随着经济全球化和信息化进程的加快以及计算机技术、互联网和通信技术的发展，信息处理的速度越来越快，传统工业经济模式下的手工操作及简单的电算化操作难以适应网络时代的需要。会计作为经济信息系统的一个重要子系统，对经济事项的处理和会计信息的传递必须网络化。这样，会计信息的输入、加工、处理和传递才能更加便捷，共享会计信息将达到前所未有的程度，而与国际惯例相协调的会计信息及网络信息，无疑会增强我国参与国际竞争的能力。

二、大数据时代网络会计人才需求

目前我国会计人才的供需结构尚存在着不平衡。一方面，会计学专业毕业生的知识面较为狭窄，相当多的毕业生只懂得财务会计理论知识，而对企业经营管理和生产经营活动的业务流程等方面的知识了解不多，缺乏独立性思考和具有创造性思维的能力，理论与实践脱节，学生对会计实务了解不深，理解不够透彻。另一方面，社会经济的发展又急需一大批会计专业人员。特别是在会计信息化的普及和经济全球化、国际化的宏观环境下，市场对高级网络会计人才的需求更是十分迫切，这使现有会计人员的能力和素质都面临着更加严峻的考验。在当前及今后相当长的一段时期内，通晓国际会计规则的国际会计人才，熟悉经济管理和税务法规、懂得财务管理理论、具有一定管理决策能力和掌握现代信息技术的高素质会计人才，将备受人才市场的青睐。①

随着我国经济全球化和网络化的发展，会计人员原有的知识水平、知识结构已经落后于网络经济发展的步伐。在网络环境下，会计人员不仅要能进行计算机操作，还要能解决工作中出现的各种问题，所以应积极培养能掌握现代信息技术和现代会计知识及管理理论与实务的复合型人才。提高会计人员的素质，是促进网络经济持续、快速、健康发展的基本前提之一。

三、大数据时代网络会计人员应具备的素质

大数据时代网络会计人员应具备的素质包括以下几个方面。

（一）管理能力

大数据时代网络会计的职能由核算型转变为管理型，这要求会计人员具有相应的管理能力。一是决策支持能力，能够提供管理建议，进行预测分析、报告，当好决策者的参谋。二是资本运营能力，不断更新、扩展知识面，拓宽企业生存空间。三是公关能力，处理好与银行、财税、审计、市场监管等部门之间的关系。四是综合分析、思考能力，能够结合市场经济变化，运用市场经济规律，对财务信息数据进行合理分析，提供决策依据。

（二）计算机知识

网络会计人员除了必须懂得一些常规的计算机操作知识，还应该学会一门编程语言并掌握其设计方法；同时也能够结合财会岗位的工作特点，进行有关财务软件的简单维护，并熟练掌握常用软件（如Office、Excel等）的使用方法。

（三）网络安全知识

网络安全问题一直是网络会计面临的最主要的问题之一。会计人员应努力学习网络安全知识，在对网上会计信息进行有效过滤的同时，注意保护本企业的会计信息，防止非法访问和恶意攻击。

①余为凤．大数据背景下会计专业人才培养的探索[J]．中国管理信息化，2021，24(24)：219-220.

（四）网络会计理论

目前我国关于网络会计的理论和法律法规等还在不断完善中，因此应该注重对国外先进理论的学习与借鉴，网络会计从业人员应做到与时俱进，紧跟形势，加强对新出现的法规政策的学习，不断丰富理论知识。

（五）外语的应用能力

大数据时代要求会计人员具备较高的外语听、说、写能力。传统的商品交易将发展成以电子媒介为基础的电子商务，网上交易将成为时代发展的趋势。企业的财会人员很可能因此被赋予除算账、管账等传统职能之外的许多边缘职能，如重要合同条款的审定、网上支付款项等。或许这些交易的对象是从未谋面的异国商业伙伴，根据通常的习惯，沟通和交流的语言一般都是英语。在经济发展全球化的今天，商品交易日益国际化，充斥着大量外语的商业信函、重要合同文本、往来凭证等，支付手段也存在于国际交往之间，英语等外语的掌握已成为衡量一名财会管理者合格与否的标准之一。

（六）国际化的会计眼光

大数据时代的到来，同样要求会计人员要有适应国际竞争的新观念、全球化的视野和开放的眼光，要站在全球角度考虑问题，而不能局限于本地区、本部门。会计人员要将国际竞争机制和新型的会计规则引入国内，依法办理，以提升国际办事效率；要强化质量意识，适应国际质量要求，提高服务思想，适应国际服务水平。会计人员要以更广阔的视野、更博大的胸襟和更开放的姿态，大步地融入世界经济发展的大潮。

四、大数据时代网络会计人才培养的途径

处于信息环境中的高级网络会计人才培养的途径，主要包括高等学校会计教育和会计继续教育。高等学校会计教育包括一般学历教育，以及应用型的会计专业硕士学位教育，立足于培养未来的高级网络会计人才；会计继续教育则注重于培养和建设现有的高级网络会计人才队伍。

（一）高等学校会计教育

对于网络会计人才培养，主要是对现有的会计教育体系进行改革。从教育系统的角度来看，应该注意以下几个方面。

1. 教育环境方面

首先，要关注计算机和网络的冲击带给我国会计制度、核算方式的变化；其次，网络会计教育的成本较高，要尽力解决资金来源；最后，加强与在职网络会计人员的沟通，使人才的培养速度能够跟上职业界的发展速度。

2. 人才培养目标方面

应考虑网络会计的发展现状，根据环境的变化及时调整和确定人才的培养目标。

3. 专业课程的设置方面

注意落后与过时教材的更新，同时要增加学生信息管理课程和网络等内容。

4. 实践环节方面

加强与企业、会计师事务所、财务软件等会计职业界的联系与合作，以保证实践性教学环节的顺利运行。

5. 教育活动实施方面

一是要建立一支高学历、高学识、高素质的会计教师队伍。二是要注重教学工具的改进，特别是运用多媒体教学、财务软件以及上机所需资料的更新等。

（二）会计继续教育

1. 财政系统高级会计领军人才项目

财政部启动高级会计人才工程。其运作模式如下：一是严格的人才选拔机制，确定培养对象。二是领军人才培养机制，采取因材施教、学用结合的原则，实行集中培训与在职学习实践相结合、课堂教学与应用研究相结合、教师讲授与学员互动相结合的培训方式，通过建立学习、研究、实践、交流的平台，全面培养和提升培训对象的综合素质。三是领军人才淘汰机制，强调要“严进严出”，从而确保领军人才工程目标的实现。四是跟踪管理机制，财政部建立会计领军人才库，对参加培训的学员实行跟踪动态管理，通过定期报告制度和考核制度，系统记录学员的学习、科研和工作情况，及时了解学员的工作表现及成长经历，为这些人员提供展示才智的机会。财政部负责全国会计领军人才的培养，各地方财政部门负责地方会计领军人才的培养，大型企业集团负责集团内领军人才的培养。只有从多渠道着手和努力，才能迅速提高我国高级会计人才的质量和数量。

2. 高级会计师继续教育

各财政部门或行业协会组织的高级会计师继续教育，为财会行业培养了一大批高级管理人员，有力促进了我国高级财会队伍整体素质的提高。教育培训的内容包括五个方面：①计算机操作能力，能够熟练掌握计算机的操作方法和技巧；②网络常规维护能力，能够系统地掌握网络维护的基本程序和方法；③数据保密技能；④网络安全技能；⑤外语技能。网络经济时代我国高级网络会计人才的培养，既是一场攻坚战，也是一场持久战，机遇与挑战并存，动力与压力共生。经济发展方式的转变和中国经济快速崛起的背景，呼唤自主培育、自主创新，具有国际水平的高级网络会计师将脱颖而出。

第四节　大数据时代会计教学的管理模式

大数据时代的发展正对会计教育进行深刻的变革，在这个过程当中，作为职业院校教师，我们必须积极地应对这些挑战，对新时期会计学科的教学管理工作提出新的要求。

一、教学方式的改革与实践

根据日常教学工作与学生的交流，大多数学生还不了解云会计、大数据这些新概念，更不清楚它们对以后就业带来的机遇与挑战。当下很多学生对大学的学习还是主要依赖于教师的课堂教学以及教材的课本学习，或者选择培训班的方式应对会计的各种专业考试。这种“上课、复习、考试”的教育机制已经不能满足社会对学生的要求，大学必须培养学生对新知识的认知能力和独立自主的学习意识，教学方式的改革迫在眉睫。

（一）课程建设

在互联网、大数据时代下，传统的课程建设显然已经不能满足我们的教学需求，我们必须积极推进新的课程建设。首先，我们可以依靠微课、慕课、翻转课堂等教学平台，在课前录制短片供学生预习或者课后复习，也可以利用微信等软件进行习题的发布。其次，在互联网、大数据时代下，学生通过课前的短片学习有了一定的知识基础，教师可以只进行重难点的讲解，也可以组织学生进行小组讨论，相互交流彼此的观点，教师最后进行点评，如此可提高学生的学习效率。最后，教师可以通过软件对学生习题答题情况做一个统计，找出学生的易错点及重难点，及时调整教学方法。

（二）培养学生对网络资源的挖掘能力

随着互联网技术的快速发展与普及，当今大学生都拥有基本的上网工具，具备获取网络资源的条件。一方面，随着大数据时代的到来，会计专业学生可以不受时空的限制进行自主学习。但另一方面，海量的会计数据又让学生应接不暇，如何快速地查找并利用有效的会计资源进行学习是当前会计专业学生面临的困惑。教师在教学的过程中可以鼓励学生主动去关注与会计相关的专业机构的微博、微信等公众平台，接收专业的信息推送。此外，教师在教学的过程中可以多开展数据应用实践，为学生提供专业网站，如国研网、巨潮资讯网、东奥会计网校、中华会计网校、重庆会计之家等，充分培养学生利用大数据时代的优势挖掘网络资源的能力。

二、教学管理

为了与教学方式相匹配，学校必须建立相应的教学平台来进行辅助教学管理。教学平台应当包含以下几个方面的内容。

第一，学生的管理类数据。包括学生的基本信息（如姓名、性别、年龄以及入校的心理测试等）、考勤、作业、成绩以及该生在学校的各类表现（荣誉、处罚）等。

第二，教师的管理类数据。包括教师的基本信息（主要教学课程、主要研究方向等）、教师备课的教案、教学进度、作业批改情况、辅导学生情况等。

第三，综合管理类大数据，包括学校基本信息数据以及学校各项评比类数据等。

第四，第三方应用类大数据，包括地图、天气、安全、网上课堂等教学资源。

第五节 大数据时代下会计教学的考核评定

一、大数据时代下会计教学考评创新体系设计

为顺应大数据时代发展的需求，满足学生超越时空限制的课外辅导诉求，会计教学方式必须求变，要充分利用现有的网络发展和大数据技术，开发研制会计网上考核系统，以提升会计教学的效率与效果。

会计考核系统的设计，应体现在以下几个方面。

（一）充分利用信息化的技术成果

互联网已经遍布世界的每一个角落，没有任何一种方式像互联网那样将教育的权利送至千家万户。网络教育已经发展为一项巨大的产业，这是一种自主、快乐的教育形式，能够实现随时随地的学习，达到学习就是生活的最高境界。网络教育具有交互性，相互交流的机会更多。网络教育是一种最价廉的教育形式，不仅教材、讲义的成本较低，而且不需要庞大的教室、设备的投资。会计教育必须利用网络这种先进的技术手段，提高会计教学的质量和数量，满足信息社会的要求。

在系统的设计过程中，要充分借鉴信息化和大数据技术发展的最新成果，尤其是网络互动平台的建设必须体现到系统中去。另外，面对大规模的会计教学数据处置的需求，可以应用最新的云计算成果，提升系统的运作效率等。同时，在系统设计中，要留有标准化的接口，以便将来与职业院校的教务系统完全对接。系统自身的设计框架也应具备开放性和可扩展性，为将来的升级与更新做好准备。

（二）考虑会计教学的实际情况

会计考核系统是为高校的会计教学服务的，必须考虑到中国高校当前的会计教学实际情况。首先，要考虑师资力量的建设，确保大部分的会计师资能运用该系统，而不能仅依托几个精英来使用该系统。其次，还要考虑高校的网络建设水平。系统的设计必须满足现有的高校网络运行的条件。最后，

还要考虑学生的应用条件。[①]

反映会计信息化发展的最新成果。会计信息化的发展已经经历了几十年的时间，有了一定的成果。尤其是20世纪90年代开始的ERP建设，将会计信息集成到了企业的管理系统中，加速了会计信息化建设的进程。在这一过程中，很多企业运用了比较先进的会计信息系统，尤其是数据库技术的使用，加大了会计数据的处理能力。同时，会计报告的标准语言开发，也促进了会计信息的可扩展性。这一切，在会计网上作业与考核系统的设计上，要予以充分考虑，使会计信息化既体现在教学内容中，也体现在教学手段中。

二、大数据时代下教师考核评价制度的改革

《教育部关于深化高校教师考核评价制度改革的指导意见》指出，要以“师德为先、教学为要、科研为基、发展为本”为基本要求，以“坚持社会主义办学方向与遵循教育规律相结合、全面考核与突出重点相结合、分类指导与分层次考核相结合、发展性评价与奖惩性评价相结合”为基本原则，努力解决考核评价存在的突出问题。为此，应从以下几个方面深化改革。

（一）考评内容

首要是师德师风。高等院校建设与教师发展应回归教育本源，体现教育的实质。为此，必须增加师德师风考评的权重、加强师德考核力度；建立教师师德档案，健全师德长效机制；设计将师德考核贯穿于教师日常教育教学、科学研究和社会服务全过程的软硬指标体系；进一步完善将师德要求和思想政治考核贯穿于教师聘用、职务晋升、岗位聘用和聘期考核的首要参照机制；推行师德考核负面清单制度，加强教师师德考核惩戒机制建设，对职业院校教师师德违禁行为，师德考核不合格者，进行严肃惩戒，实行师德“一票否决”。

关键是教育教学水平。教书育人是教师的本职工作，对教师教育教学水平和效果进行考评是人才培养能否达到目标的重要衡量指标。为此，必须健全教学工作量评价标准，特别是针对不同特点的高等院校，建立任务清晰、分层次、差异化的评价标准，充分调动教师从事教育教学工作的积极性；建

①李海霞，崔丹．大数据时代会计考核评价体系及教学团队建设[J]．财会学习，2021(19)：178-179.

立由教师自评、学生评价、同行评价、督导评价等多种形式结合的教学质量评价体系；建立课堂教学纪律考核机制，对教师的课堂教学活动和教学实践环节加强督导，严肃处理在课堂偏离正确育人方向、传播违背社会主义核心价值观的有害观点和言论的行为。

难点是科研评价。高等院校教师既承担着教书育人的重要使命，又担负着服务国家社会经济发展的重要职责。科研是教师工作不可或缺的部分，但目前“重科研、轻教学，重论文课题数量、轻质量效果”的评价体系依然存在。为此，科研评价应建立针对不同类型、不同层次教师的分类评价体系；按照哲学社会科学、自然科学等不同学科领域，根据基础研究、应用研究等不同研究类型，建立科学合理的分类评价标准；建立以服务国家经济社会发展需求和教育教学功能为导向的科研指标体系，推动原始创新和科教融合，落实科研工作的实效性；探索建立“代表性成果”评价机制，将通过长期积累、潜心研究形成的科研成果作为评价教师科研工作的重要依据。

此外，在大数据时代，教师的评价内容变得更加多元化，不仅包括教学质量、科研成果，还包括教师的创新能力、团队合作精神、社会服务能力等多个维度。通过大数据分析，可以更全面地评价教师的综合表现。

（二）考评方式

第一，应充分尊重教师自评。高校教师是教学科研的主体，但由于在考评制度上成为考评对象，是被动的监督和考核的客体，从而被考评过程所忽视。应充分重视教师自我评价，建立教师在师德师风、教学科研、职业规划、教学环境、心理压力、学校发展目标与自身发展的关系、社会服务贡献等方面的自我评价指标体系，增强教师的主体意识。

第二，应采取学生考评与同行和督导考评相结合的形式。建立包括教师的道德品质和教学态度、教师的理论素养和教学水平、教师的心理素质和与学生的沟通能力、教师对学生的影响力、教师的教学方式方法的创新能力和效果、对学生反馈的接收程度等为内容的指标体系，最大限度地吸收学生以及同行和督导的意见和建议，使之成为教师改进教学、不断调整提升素质的动力。

第三，应形成分类评价体系。基础研究注重原始创新，研究成果往往没有明确的实际目标，但能够彰显以认识论为基础的大学精神与理智传统、高等教育使命与高校教师的内在价值，只有在某一学科和领域的同行专家才能做出专业、科学的评价；应用研究和技术开发探讨的是如何将基础研究应用于实际，是以解决实际问题和实践难题为明确目标的研究，研究成果必须接受市场的评价和认可；哲学社会科学是对社会科学领域的重大理论现实问题提出见解和建议，应主要看其是否遵循国家利益和政府立场，因此必须由社会进行评价。总之，应充分发挥同行评价、团队评价和第三方评价的作用，建立科学化、市场化和社会化的考评制度。

在大数据时代，还可以对大数据技术进行充分利用，实现对教师教学过程的实时监控和评价。例如，通过在线教学平台收集学生的学习数据，分析教师的教学效果；通过社交媒体和学术网络分析教师的影响力和学术活跃度。这些智能化的评价方式可以提供更客观、更精确的评价结果。

（三）考评效果保障

第一，规范评价程序。科学完善的评价程序是保证教师评价制度准确性和公正性的前提。为此，学校必须做好考评的宣传和解读工作，保持考评程序的公开透明；建立稳定的教学评价机构，以保证考评的权威性与公信力；建立评价结果反馈机制，科学分析教师在考核评价中体现出来的优势与不足，为教师提供自我提高和职业规划的建议；建立评价结果申诉程序，让对评价结果有异议的教师通过正常渠道抒发意见，表达诉求；建立评价过程监督机制，让考评工作程序自始至终在阳光下运行。

此外，为保障考评效果，还可以利用大数据技术使得教师评价过程更加透明化。通过建立统一的教师评价信息平台，实现评价数据的集中管理和共享，教师可以清晰地了解自己的评价结果和改进方向，同时也增加了评价过程的公信力。

第二，注重政策联动。应建立各类评估评价政策联动机制，包括探索建立院校评估、本科教学评估、学科评估和教师评价的政策联动，将制约和影响教师考核评价政策落实的评价指标进一步优化和调整。

第三，推进部门协调。建立健全由学校主要领导牵头，人事管理部门协调，教学、科研、研究生等管理部门密切配合的规范化、制度化和常态化沟通协调机制；建立科学完整的教师信息数据库，各部门实现网络数据对接和信息资源共享，为考评提供快捷方便的条件；建立各部门问题解决和纠错机制，准确快速解决部门间在考评工作中出现的矛盾和问题，彼此支持、形成合力，进一步提高行政办事效率以保障考评工作的顺利进行。

大数据时代的教师评价更加注重全面性和系统性。不仅要考虑教师的教学和科研表现，还要考虑教师的师德师风、社会影响力等多个方面，形成一个全方位的评价体系。

第四章　大数据时代会计教学改革的实施路径

第一节　大数据时代会计专业教学资源改革

一、大数据时代会计教学资源改革

伴随着互联网、物联网、社交网络等技术的发展与应用，大数据被广泛地应用到了社会生活的各个领域。从目前教育领域的发展趋势来看，大数据在高等院校教学中有着广阔的应用前景。单从教学资源来看，大数据给高等院校教学资源的开发与利用带来了新的改革路径。

（一）教学资源概述

教学资源是指以支持教学为目的，为学校、教师以及学生提供的所有与教学相关的资源。学生与教师是在教学资源构建的环境中，利用教学资源进行教与学的活动的主体。教学资源种类繁多，可以说学校内除了教学教师和学生之外的所有资源，均属于教学资源。但是也有学者认为，教师和学生同样属于教学资源，因为教师是开展教学活动的主体，其发挥的正是“教学”作用，而学生是开展学习活动的主体，其发挥的是“学习”的作用。当然，这仅是一种范围层面的笼统界定。具体而言，教学资源包括物质资源、自然资源、社会资源以及媒体资源等一切与教学相关的教学材料与教学信息的来源。而将教师以及学生同样作为教学资源来看的学者，则将教师、学习小组、课外辅导员、家长等统一概括为人力资源。在本章的教学资源改革阐述中，同样将教师等人力资源划归到教学资源改革的范畴之内。[①]

①王彤．大数据背景下高职会计专业教学资源库建设研究[J]．财经界，2024（2）：72-74.

（二）大数据时代会计教学资源的发展现状

1. 传统教学资源的转变

随着互联网技术的发展与应用的普及，高等院校的教学资源与过去相比有了很大的变革，其中最主要的变化就是教学资源的来源变得越来越丰富，并在一定程度上改变了高等院校的教学方法与管理模式。

在当今会计专业的教学中，教学资源已经不再局限于传统认识中的教材、教具、教师等方面，而是具有更丰富的来源。其中，最为显著的变化就是数字化教学资源的出现。数字化教学资源是将教学材料进行数据化处理，使其能够在计算机及网络环境下运行的资源统称，如视频公开课程、数字化专业素材库、微课等。

目前，教师和学生的学习和生活的各项活动都与互联网系统密切相关。在学校的教学活动中，网络技术的互联构成了以办公管理与教学科研为主体的网络结构体系。教师和学生在应用过程中，形成了大量的数据信息，学校运用数据云技术对这些数据信息进行储存，并通过一定的算法进行分析、整合，计算出有价值的数字化教学资源，进而服务到会计教学过程中。例如，在大数据运用之前的教学活动，教师无法准确地获取学生对相关会计课程的偏好程度，但在大数据环境下，学校教学部门可以通过对某一会计课程网络视频的点击量、浏览时间、会计专业搜索关键词等数据信息进行分析，获取学生对课程的学习目的、动机与偏好，进而指导教师改进教学过程，促进会计教学过程的持续优化。

2. 知识经济以及全球经济一体化对会计教学资源的影响

当今社会是大数据时代，随着社会的进步以及经济的蓬勃发展，知识开始从免费向付费转变，人们对于有效信息的应用以及不断进行知识积累构成了知识经济时代，这也是人类智慧的外在体现。身处知识经济时代，新型经济岗位层出不穷，虽然农业和工业仍然是社会经济的重要支柱，但是诸多新型高报酬业务种类和工作岗位为人们提供了就业空间，这就意味着需要诸多的会计岗位人员，该专业的未来发展趋势和良好机遇越来越广阔。与此同时，会计教育改革拥有了充足的经济支撑和物质保证，给予了改革肥沃的土壤，这种外在的环境因素也是会计教育资源中必不可少的组成部分，外部环境的需要突出了会计教育改革的必要性和重要性，也对改革发展提出了更高的要求。

无论是信息技术的蓬勃发展，还是人类迈进了知识经济时代，都意味着全球经济一体化的出现。其中，最明显的一大表现就是电子商务在全世界范围内的流通，资本市场的全球化将会越来越模糊国度之间的市场界限，为跨国公司的进一步发展构建了有利的外部环境，而且由于国际贸易往来和跨国经营的成长，类似国际信息会计披露、外币报表折算以及结算业务等全球范围内的会计经济业务也呈现出直线上升的趋势。身处于全球范围内的利益相关者需要会计信息的回馈，这就要求会计岗位人员必须熟知全球化的会计管理以及国际通行的会计准则。这种外部大环境大趋势的改变，为会计教育资源的变革指明了方向，意味着传统教学资源和现代化的教学资源相衔接。

3. 信息技术快速发展以及文化环境的更新改变了会计教学资源

在会计教学资源体系中，信息技术属于核心型的构成因素。现阶段由于互联网的应用和普及，企业想要获取会计信息，已经突破了空间以及时间、地域上的约束，数据的信息来源得到了有效的拓宽，传统的会计信息系统突破了孤岛的限制，360°渗透到企业组织在销售、生产、经营、管理的每个领域。由此，传统的电算化会计出现了颠覆性的变革和成长，以信息技术为代表的会计教学资源，在会计专业的教学手段、教学方法、教学理念、教学内容、教学目标等方面给予了新的要求。

古往今来，任何一种文化形式归根结底都可以找到其文化根源，对于会计的教学发展史而言，文化环境的变迁起到了极其重要的推动作用。风俗习惯、行为准则、思维方式、价值取向、思想观念等这些文化环境中的构成因素，无一不影响着会计领域的道德观、世界观、人生观、价值观，这对新的教学模式产生了根源上的冲击。随着国家在改革开放领域的不断深化，更多的西方社会文化观念涌入中国，如竞争观念、自由观念、民主平等观念等深刻地影响到了国民的社会文化生活。与此同时，这些西方观念也对会计的职业环境产生了一定程度的冲击。外在环境的变化，推动了高等院校会计专业的教育改革，需要深化思考如何能够培育学生在不同的文化意识形态、宗教背景和环境中，处理好人际关系，正确地解决各种疑难问题。这种有利有弊的教育环境冲击是当前会计教育资源调整过程中不可忽视的一部分。

4. 现代企业制度的建立和金融市场的发展对会计教学改革的影响

目前，国内的市场经济正处于不断变革和发展中，逐步完善的现代企业制度对于企业也有了一定的要求，企业逐步成长为市场竞争中的主体以及能够实现自我发展、自我约束、自负盈亏、自主经营的法人实体，会计的财务处理权限也在不断扩张。现阶段，政府以及企业处于相辅相成的共赢体系中，政府的职能逐步向着公益性事业和基础性产业的范围迈进，由此来推动社会保障福利制度的建设，给予社会一定的福利权利。除此之外，政府也在不断地加大在环境保护方面的力度和深度，由此取得了卓有成效的环境效益。与之相对应的是，环境会计、社会保障会计以及非营利组织会计领域也得到了长足发展。因此，关于此类的会计教育也是高等院校会计教育改革的重要内容之一。

现代企业想要得到成长和发展，必然离不开金融市场的支持，或者是企业将个体资本投入到金融市场上，以期能够获得更高的利润收入。由此可见，金融市场是企业成长的肥沃土壤，这就影响到了会计岗位的工作，如果金融市场欠发达，那么会计实务的发展也将受到局限，就无法谈及构建完善的金融会计方法和理论。现阶段我国的金融市场处于蓬勃发展期，金融资本和产业资本之间的关系处于携手共赢的状态之中，以保险会计、证券公司会计、银行会计为代表的金融会计地位有所提升，外部环境的优化也要求高等院校会计教育资源的扩充，对于会计教育也需要相应增加关于金融市场方面的教学内容。

5. 会计职能和教育领域的拓展对会计教学资源的影响

当前阶段的会计岗位，除了具备基本的信息反馈功能以及监督职能以外，其职能组成环节中的决策也是不可忽视的一项。参考现代管理理论的观点可知，企业管理的核心在于经营管理，而经营管理的核心在于决策。企业的决策将会影响到其未来的发展走向，是成功还是失败，是发展还是衰退，都和决策有着直接的联系。立足于会计领域可知，会计管理的重心在于会计决策，无论是什么样的会计数据，都是在为会计决策提供直接或者间接的参考。所以，这就要求从事会计工作的人员，以自身能够接触到的信息资料为基准，从如何能够使资源达到最优配置的角度出发，通过分析成本和效益之间的对比关系，来为企业的决策层、管理层提供有价值的决策信息参考，以推动企业的资本能够获得最大的经济效益，保证决策的正确性和科学性。

参考世界范围内认为的会计人员未来需要承担的职责可知，新时代合格的会计人员需要取得以下几个方面的长足进步：第一，提升对于企业组织经营业务的评估能力；第二，提升对于企业组织运营状况的评估能力；第三，学会应用更高级的信息会计系统。由此可知，新时代的会计人员自身的职能性显著加强，会计的工作领域也得到了系统化的延伸，其覆盖范围越来越广，已由单纯的行政职能人员逐步发展成为企业的决策者、消费者的合作伙伴。而且，由于现今的经济现象越来越复杂，社会发展程度逐步加深，除了最基本的企业经营会计以外，人力资源会计、环境会计、通货膨胀会计、社会保障会计、金融业会计、合并会计等，也成为会计领域的重要组成部分。总体行业的资源变革也要求高等院校在培养会计专业人才的过程中，添加与之相适应的教学内容，以便培养出多样化的会计专业人才。

除了上述影响因素以外，近年来诸多的高等院校随着自身教学实力的增加，也在不断寻求全球化合作之路，即与一些国际职业组织或者是世界范围内的高校通力合作，从事会计从业资格教育以及学历教育，期盼能够培养出具有更多技能的专业化会计人才。当然，诸多的国家也对中国的教育市场秉持着寻求合作的态度，借助于放宽签证、教育展览、给予高福利的工作条件等一系列举措，吸引中国学生前往学习或者工作。除此以外，也有部分国家和地区的教育机构和我国的高等院校、职业院校开展了合作办学的教育机制。由此可见，我国的高等院校不得不面对日益增大的竞争压力，优秀的会计专业人员成为各行各业争夺的目标，这种竞争态势为国内教育行业的发展提供了一定的机遇和参考，我们可以充分地借鉴国外的优秀经验，促进教育领域的深化变革。当然，这种挑战是无处不在的，如何突破困境，使会计教学资源更加优化，为会计教育的变革提供有力的支持，真正推动会计教育的转变和提升，也是高等院校迫在眉睫需要思考的问题之一。

二、大数据时代会计教学资源的改革与应用途径

（一）挖掘会计教学中的大数据，开发新教学资源

在会计教学中，高校应有意识、有目的地挖掘、分析教学过程的大数据信息，运用大数据信息开发新的教学资源。例如，可运用大数据手段，定向

针对会计专业某一点击率高的课程进行数据的监控与收集。教学资源的管理者与应用者应思考课程点击率高背后的原因，并且在数据量足够大、覆盖范围足够广的时候，通过数据分析出学生某一阶段对会计课程的关注重点与兴趣点，并挖掘出其产生兴趣转移背后所深藏的原因，如此就可以通过数据信息，有针对性地开发并安排合适的教学资源为会计专业的教学服务。

在会计教学中，运用大数据思维进行数字教学资源开发时，不应仅局限于对传统教学资源的数字化处理与转化上，而应运用大数据思维从数据中挖掘出具有教学价值的信息，为会计专业教学服务。从长远的发展观点看，会计教育并非让学生在刚从事会计职业时就成为专业的会计工作者，而是要使学生能终身学习，具有作为一名会计人员所应具备的学习能力和创新能力。学生不仅要掌握各项会计知识，还应注意掌握人际沟通、解决问题的才能，以及所需的文化、历史、社会、政治、经济甚至美术、艺术等一般性知识，尤其重要的是，学生必须首先认同本专业，乐于遵守会计职业道德并从事会计专业工作。

（二）运用大数据信息，开发并设计优质网络课程资源

随着移动网络的普及，学生的上网方式已经发生了变化，移动终端已经成为学生普遍运用的上网途径。这种上网方式呈现出碎片化的趋势，因此高等院校在设计教学资源上应考虑到学生碎片化的上网现状，将学校有线、无线网络与移动网络实现互联融合，搭建起学校网络平台，并在平台上投放精品网络课程，让学生能够利用碎片化的时间在网络课程中进行学习。

优质精品课程的开发是会计学优质教学资源中的重点内容。随着互联网技术的普及与教学模式的不断创新，新型网络课程被迅速推广起来。在开发优质网络课程时，高等院校可应用大数据信息，充分分析学生对会计课程的具体需求，有针对性地根据不同会计课程的特点设计课程的结构与内容，以满足不同学生的需求。同时，新型网络课程的课程时间一般只有5～15分钟，因此需要课程内容短小精悍、主题明确。网络课程设计会耗费大量的人力与物力，完成后应尽快进入共享平台进行课程资源的共享，以较早地实现应用价值。

（三）开发数字化专业课程，建立会计专业教学资源库

数据只有覆盖足够的广度与深度才能具有大数据的意义。因此，在当今社会，数据只有在互通与流动中才能发挥出其应有的价值。目前，各高等院校之间摒弃了之前优质教学资源学校保护的做法，开始开放相关数据信息，共享优质的教学资源。

运用大数据分析，对会计行业的发展趋势及会计专业需要的业务能力进行分析，根据会计行业的职业特点与主要工作内容进行整合与排序，开发并建立起适合会计行业的专业核心课程体系。在《基础会计》《涉外会计》《财务管理》等主要课程基础上，通过整合各课程资源，建立起有利于学生会计职业技能发展与创新思维培养的教学资源库，帮助学生掌握会计专业技能。在教学资源上可以运用多种形式，如动画库、视频库、案例库、电子教材库、教学PPT库等，而视频库可以教学视频、操作示范视频等不同的标签进行分类建立，案例库可以采用文字与视频两种方式建立案例教学资源。在共享途径上，可以通过网络主流媒体与相关的网站平台资源建立共享平台，让高校教师或企业专业会计人员都可以登录共享平台上传课程资源，丰富教学资源，实现教学资源的共享。

（四）建立互动教育观，提升教师福利待遇

在教育资源的组成因素中，教师和学生的地位不容忽视，教和学是一种互动性的双边活动，学生的主体地位和教师的主导作用缺一不可。缺失了学生的主体地位，那么就形成了以教师为中心的单边活动；离开了教师的主导作用，就形成了以学生为中心的缺失型教学。只有二者真正地有效融合，才能有效地推动教学达到最佳的效果。大数据时代，会计教学资源的改革不能忽视教师和学生的关系，资源的改革体现在教学的整体过程之中，且资源的改革牵扯到各个方面，本身就是一个相对复杂的系统。会计教学资源的改革和专业知识教育二者之间是共荣共生的，这就要求教师和学生作为资源中的共同体，需要良性互动、共同提高。教师的主导作用应该逐步体现在其引导职能上，通过科学有效的教学方式、手段，调动学生的积极性和参与度，真正培养学生的会计思维，让学生能够在发挥主观能动性的同时学习知识，养成自我提高、不断探索的学习能力。除此以外，为确保建立一支能适应市场经济发展和社会经济进步要求的高素质的、长期相对稳定的会计教学教师队伍，一方面必须适当提高会计教师工资报酬，另一方面应采取措施使会计教师能有机会接触会计实践。具体来说，在会计教师自身知识的更新方面，允许会计教师每周有一天外出自由谋职或兼职，允许会计教师兼职担任注册会计师，建立会计职业界与教育界的联系和交流的制度，以增加会计教师的阅历和实践知识，提高会计教师的业务能力和工资报酬，进而有利于会计教学和会计研究，在教师的考核与晋升方面，应适当奖励从事课程设计、教程发展，进行教学实验、教学研究和积极探索新教学方法的教师。

（五）通过大数据的力量，构建会计教育云平台

从当代会计教育的行业发展状况来看，对于高等院校培养专业人才而言，会计教育云平台是必需的渠道。提高云计算在线服务的作用，使得高等院校能够培养更多的信息化数据会计人才，通过供应商给予的服务器，可以推动会计教育网络应用程序的开发和应用，从而和云计算系统之间达成链接，最终使信息数据能够在大范围内共享。以当代高等院校会计专业人才培养的需求为参考，以云计算教学平台作为有效的教学资源改革方式，需要建立以下四类专业的信息系统。

第一，会计数据系统。会计数据系统涵盖了在云会计平台上的全部共享数据，和教学过程中需要的各种纸质数据以及网络数据。与此同时，在确保不侵犯企业商业利益的情况之下，还可以把企业的真实财务数据吸纳到该会计数据系统中，作为真实有效的教育资源为教学过程提供现实化的参考。在会计专业教学设计上，将视频、文本等非结构性的数据保存到会计数据系统内，在与企业的云计算共享数据结合时，有效地跟踪和收集，并进行电子教材的制作。在课堂教学过程中，按照传授的内容进行实时调取，进而将新案例呈现给学生，提高学生学习会计知识的积极性。通过各项数据软件的不同作用，对以上数据进行有针对性的分析，可以提高学生的会计专业能力。在教学组织上，发挥云计算教育平台自身的优势，不仅可以让学生有针对性地利用网络资源完成课程作业，提高数据信息查找的能力，还可以让学生运用学到的知识，构建会计项目小组，提高学生的团队合作意识以及沟通能力。会计专业教学教师利用云平台当中的监控设备来监督学生学习状况，同时，学生也能够就不懂的地方在线向教师请教，进而提高自身学习的质量。

第二，会计的操作系统。既然已经拥有了会计数据系统，学生想要真正地操作会计工作，就需要掌握会计模拟的操作系统，学生可以在模拟状态下进行真实的演练，以提升自身的实际操作技能以及动手实践能力。会计模拟的操作系统内部有着针对会计岗位的大量实操数据，学生在真实的模拟情境之下对这些数据展开实践操作，自身的工作心态、业务能力都能够得到有效的提升。

第三，移动终端系统。随着手机的大范围应用，会计专业的教学不应该只局限在课堂之上，而是应当突破时间、地域、空间的限制。通过学习和操作这种移动终端系统，会计教育将变得无处不在。

第四，会计教学系统。会计教学系统的构成比较复杂，可以涵盖多个模块，如效果控制模块、课堂教学模块、课下测验模块等。通过效果控制模块，教师可以检验学生的学习成果；通过课堂教学模块，可以调用数据库；通过课下测验模块，可以帮助学生查漏补缺。而且会计教学系统应当和其他三项系统之间形成有效连接，相应的数据存储、结果存储也应该做到互通共享。

第二节　大数据时代会计专业课程形式改革

一、大数据时代会计教学改革的形式

在教育领域的教与学过程中，蕴藏着海量的有价值的数据，通过分析与整合这些数据能够形成有价值的信息，成为推进高等院校教学模式与教学理念改革的动力。从目前大数据在会计教学应用中的现状与趋势来看，大数据推进会计教学改革的形式主要有以下几个方面。

（一）重视对学生的实践技能的培养，完善继续教育

目前，虽然大多数的高等院校仍然会重点关注学生对会计专业课程理论知识的掌握，但是在当今大数据时代背景下，对会计人员的要求，不仅需要其具有全面系统的理论知识，还要求其掌握较强的实践技能。因此，高等院校也开始重视学生职业实践技能方面的发展，以帮助学生在进入社会后能尽快地适应工作岗位的技能要求。而且会计专业本身就具有一定的实践性特点。因此，教学教师在进行教学课程的设计时，应重视实践能力的课程设计。具体来讲，课程设计可以采用校企合作的方式，汇集来自不同行业的财务数据资源，让学生在实践课程上接触到企业的真实数据，模拟企业环境让学生运用所学到的知识去解决实际问题。学校也可以聘请提供财务数据企业

的会计从业人员与教师共同指导学生的实践课程。在会计的实践课程上，教师还应运用不同的手段，从不同的维度去考核学生对会计技能的掌握情况，让学生在掌握会计理论知识的同时提升实践技能。在这个过程中，教师应转变教学观念，重视对学生实践技能的培养，让学生在学校就能积累技能经验，为未来走上工作岗位打下理论知识与技能基础。例如，中央财经大学会计学院对财务专业学生的培养方式和方向进行了全面调整。“学院规定，学生计算机的操作技术除了要掌握基础课程，还必选数据库和数据语言等专业课程。学生入学后统一学习会计学和财务管理，一年半后，再选择专业方向。”这里的核心专业课程指向“注册会计师”、“管理会计”和“公司金融”三个方向，本科生在完成“基础通识教育”阶段后，可结合自身兴趣和能力，选择相应的“核心专业方向”进行学习，并由各个方向的实务合作单位提供实习机会。①

（二）大数据时代的会计教学改革必须重视培养学生的创新能力

相比于传统会计教育培养出来的专业人才，现阶段大数据时代背景下的会计教育改革，必须更加重视培养学生的综合能力，使其成为高级会计人才，必须拥有足够丰富的会计专业类知识，及较高的自身综合素质与业务水平。除此以外，专业的创新技能至关重要。创新能力可以说是一切综合类水平的高端进阶版本，如果用会计专业人才的个人技能构建出一个金字塔形的知识结构，那么基础的会计知识储备就是根基，实践技能、操作技能、个人素质等共同构成了金字塔的塔身，而以会计知识储备、实践技能、操作技能、个人素质为基础的创新能力，则是金字塔的塔尖。大数据时代的会计教育改革，在培养学生拥有基础的会计知识综合能力的同时，也注重对其创新能力的培养。以专科为例，会计专业的教学时间只有三年，而本科也不过四年而已，在这三四年的时间中，真正需要学习的会计类知识非常复杂庞大，而且由于科学技术处于不断进步之中，学生学到的知识和技能在后期也可能会产生滞后的问题，因此对于会计教育改革而言，除了真正帮助学生学习知识和技能，更重要的是帮助他们培养能够学习知识和技能的基本能力和技巧方法。“授人以鱼，不如授人以渔。”因此，会计专业的教师在传递知识的过

①刘敏．会计专业融合大数据的课程体系构建研究[J]．上海商业，2022（1）：168-169.

程中也要培养学生的能力，尤其是创新能力将在未来会计岗位的工作过程中起到至关重要的作用。当代高等院校的教育要着力于培养创造性的人才以及创新精神，使其真正成为维护国家和民族利益的中坚力量。知识经济需要知识创新，而知识创新又需要高层次的创造性人才。实施创新教育、培养创新型会计人才是知识经济对会计教育的必然要求。

会计具有双重属性，即自然属性和社会属性，自然属性决定了会计的相对稳定性，社会属性则说明了会计与社会政治、经济等各方面的环境存在密切的关系。处于不同环境下的会计受到的影响不同，会计理论与方法体系也有所差别。在会计实务中，主要表现在两个方面。一方面，会计制度准则会随着经济环境的改变而做出相应改变。例如，为了适应社会主义市场经济体制，我国于1993年进行了较大规模的会计改革，改变了传统的会计核算制度。在这之后，又制订了统一的《企业会计制度》和一系列的具体会计准则，会计改革不断向纵深发展。2024年6月28日，十四届全国人大常委会第十次会议表决通过关于修改会计法的决定，自2024年7月1日起施行。在这种情况下，会计专业的学生怎样才能适应不断深化的会计改革的需要以在今后的工作中得心应手，显然是会计教育必须面对和解决的问题。另一方面，由于不同企业的特殊情况，其会计管理方法必然千差万别。会计专业的学生如何适应企业的不同情况从而进行有效的会计管理，也是会计教育应该解决的问题。我们认为，要解决上述问题，关键在于培养会计专业学生的适应能力，而适应能力又是建立在创新能力基础之上的。一个人只有具备了创新能力，才可能解决实际工作中遇到的新问题，也才可能结合实际情况进行具体分析，否则，必然是无所适从，或者生搬硬套。由此可见，从会计专业的特殊性来看，实施创新教育、培养创新型会计人才是非常必要的。

（三）培养专业复合型会计人才

在目前高等院校的会计学专业课程教学中，存在重核算的教学现象，往往忽视对学生其他会计业务能力的培养与教学，在这种情况下，培养出的学生大多只具备基础财务业务能力。但是在目前大数据环境下，企业需要的是复合型专业人才，对财务人员的业务能力需求已经不仅局限在财务的核算与管理方面，还应具有参与经营分析、经营预算、税务筹划等各方面的能力。财务的核算管理与监督是会计工作的基础工作内容，但科学地分析企业的运营状况，并预测未来的发展趋势，就需要会计从业人员具备理财融合能力。因此，高等院校应紧跟社会发展趋势，及时总结反思会计专业的教学课程开发与设计，改革会计教学方法，在高等院校的会计专业教学过程中融入经济趋势预测与财务管理等知识的教学，让学生不仅能够学习到基础的财务核算知识，还能学到更全面的专业知识，从而构建起完整的财务学知识体系，进而培养出专业的复合型会计人才。

（四）科学合理地设置会计专业课程，挖掘多元化的会计人才培养渠道

每一学科的教学活动都是以教学课程为载体的，课程设置得科学与否对课程的教学质量与教学效果有着直接的影响。在当今大数据时代背景下，会计教学课程应与时俱进，根据社会发展需求，进行会计教学课程的创新与改革，改变传统的课程教学方法，将互联网思维融入会计课程教学中。互联网技术的应用能够整合线上与线下的教学资源，帮助学校与教师整合不同教学资源的优势，创新教学课程设置。因此，高等院校应利用互联网建立教学资源共享平台，实现教学资源的共享，构建起能够满足未来会计人才能力需求的课程体系。

在大数据时代，会计教学改革的一大路径就是建立多元化的人才培养渠道，优化人才培养结构，如可以推行校企合作实训基地。在大数据时代背景下，工学结合、校企结合、产教融合是重要的教育改革方向。建立校企合作实训基地，能够充分地给予学生真正实践的机会，让学生将理论结合实际，夯实在课堂上学到的理论知识体系，并且能够培养学生的信息处理、管理会计、数据处理等多样化的技能，使学生自身的常规操作流程以及技巧也能够掌握得更加扎实。

（五）优化教师队伍知识储备，推行以企业项目为目标的任务驱动式教学

大数据时代教育资源的核心因素包含教师。所以，要全面性地优化教师队伍，促进其知识结构的提升，使当代的会计专业教师能够掌握核心的信息技术、管理技术、补充知识，可以从以下几个方面入手：第一，学校筛选出优秀的会计专业教师外出学习，让其亲身经历系统化的社会培训，学习数据处理技术、财务管理信息系统以及企业财务业务，在其掌握了这些优秀的学习经验之后，回到学校开展一系列的培训和实践活动，将优秀的经验普及到全校的会计专业师生中去。第二，在多元化的人才培养渠道中，校企合作培训基地也为教师优化自身的知识结构提供了方便。教师可以深入到企业中来提升自己的财务信息处理技能，或者将企业的财务专家、财务部门领导邀请到校内开展培训或讲座，辅助教师提升实践能力，使其拥有足够的财务专业知识，能够和企业的财务管理系统相对接。第三，强化专业讲座的知识力量。通过网络直播、在线培训等一系列方式，鼓励教师多去参加相关的会议讲座，夯实知识基础，强化教学水平。

在优化知识结构的基础之上，教师要推行以企业项目为目标的任务驱动式教学。教学的过程要注重模拟企业的实际财务信息处理业务，让学生亲身体会到社会工作等相关流程，教师要引导学生去进行实践活动，将数据处理课程和信息系统课程融入其中，让学生在完成企业的财务工作的同时，也学到了数据处理以及信息系统的相关知识。

（六）根据会计的专业方向开展教育改革，新建课程和讲座

高等院校在培养会计专业人才的过程中，会讲授十几门甚至二十几门课程，涉及会计工作的各个方面，那么在进行教育改革的时候，就可以会计的专业方向为基准来展开分门别类的改革措施。例如，可以将审计业务、企业基本财务管理、信息系统以及传统会计综合归类成财务会计课程，将数据处理课程、企业业务合并为管理会计课程。管理会计和财务会计这两大类在授课过程中都强调理论联系实际，因此，教学教师在教学的环节，可以将数据处理技术以及信息管理技术渗透其中，使真正的数据处理和信息技术能够为财务工作提供辅助。

高等院校在开展会计专业的教学改革环节里，要新建与素质教育相关的讲课，充分立足于现阶段创新型、复合型会计人才的需要，为了培养学生的创新意识和创新能力，通过讲座或者相关课程的方式，帮助学生学习到更多的会计专业学习方法，如会计研究方法等。这种积极的更新知识的过程能够保证学生处于不断的探索和创造之中，具备对财务工作分析、运用、理解、吸收、消化的能力，符合当代社会以及企业组织的人才需求。一直以来，财务会计人才市场的供应量基数较为庞大，为了充分地帮助学生就业、就好业，高等院校可以开设一些和创业就业相关的讲座或者课程。不可否认的是，现代大学生就业形势较为严峻，如何能够在重重的就业压力之下突出重围，相关的就业和创业教育至关重要。当代的中国处于大众创新、万众创业的时代之中，这就要求当代大学生应该具备一定的创业能力和创业素质，要求其心理素质过硬，在从事实践活动的过程中能够具备必要的能力和涵养。日本、美国、英国等发达国家已经在创业教育上有了优秀的经验，我国也应该主动学习像美国和英国等发达国家在创业教育中优秀的经验，开展相关的讲座或者添加新的教育课程，帮助挖掘、引导大学生的创业潜能，鼓励他们利用自己的魄力和聪明才智开拓出一条就业之路，由被动就业向着主动就业的方向迈进。

身处于大数据时代，社会发展迅速，整个行业的发展也有着日新月异的变化，因此高等院校出于创业就业的角度考虑，就要针对财会类行业的最新消息、新的理论或者是新的知识、新的技术展开一系列的讲座或者是新加课程，让学生能够走在行业的最前列，了解并掌握这些知识。为了充分地节省时间，又能起到良好的教学效果，高等院校可以采用大学生较为青睐的多人讲座的形式。

除此以外，高等院校新开设的课程并不能仅局限于会计专业，还可以设计一些能够扩充大学生知识面，促进其道德素质、个人能力提升的相关课程，采取自学和讲授两种教学方式进行教学。例如，南京农业大学设置了选修课和必读课，其教材有《孙子兵法》《史记》《齐民要术》《老子》《论语》《红楼梦》《三国演义》《诗经》等，学生可以立足于自身的兴趣爱好，在这些指定的书目中有选择性地上课，后期通过一定的考核来积攒学分。

（七）大数据时代会计专业人才培养考核制度领域的变革

自古以来，无论是何种教学方式，考核都是必不可少的重要环节，考核可以直接检验教师的教学质量以及学生的学习成果，有利于学生查漏补缺。而科学合理的考试制度不仅能真正地调动学生的学习积极性与参与度，也能够督促教师的教学环节向着高质量的目标靠拢。所以，大数据时代在会计专业人才培养的过程中，考核制度领域的变革不能缺少，这也是当代会计教学改革的必然要求之一。具体而言，考核机制的改革涵盖了以下几大类。

1. 考试内容的改革

身处于大数据时代，会计专业人才培养的目标相当明确，就是为了培养高素质的复合型会计人才。所以，考核的根本出发点就是评估学生的综合能力。大数据时代对于考试内容的改革有以下几项具体的要求。

第一，考试的题目设置需要来源于教材，但是又不能完全依赖教材。考试内容来源于教材指的是考题的设置基本上需要和教材内容、教学大纲保持一致性，把会计专业理论、基本技能、基本操作方式应用于对问题的分析以及决断之中，目的是考核学生对于问题的分析能力以及解决能力。对于教学教师没有讲过的学科内容，或者是大纲还未涵盖的部分，也可以适当地引入到考题设置之中。例如，北京中医药大学的考试设置，除了对学科内容、研究前沿，以及新领域的知识内容予以考核之外，还加入了部分学生自学内容的考核，教师只提出了规定的大纲要求，具体的自学内容留给学生，但是在最终的考核阶段，这部分依然是被设置在考核范围之内的。通过这样的方式来评估学生的自学情况，后期学生可以根据自己的表现来有意识地提高相应的学习能力。高等院校可以充分参考此类方法，在会计教育的改革过程中进行借鉴和应用。

第二，试题的设置不能拘泥于唯一性的标准答案。当代高等院校培养会计类专业人才的一大目标就是帮助学生具备创新意识和创新能力，因此在考题的设置上可以设置少量的不止一个标准答案的试题，或者是没有固定标准答案的试题，让学生自由发挥想象力，独立思考，以此来评估学生的创新意识以及创新能力。通常而言，该类试题可以采用案例分析或者论述题的形式。例如，在中级财务会计考试中，有这样一道题目：要求学生论述开发费用是资本化还是费用化。而像“比较论述中外会计的差异对其展开剖析”这样的研讨性题目在试卷中的分值比例应根据不同课程的性质和特点来合理确定。

第三，考试内容具备多样化的选择权。为了能够科学、合理地考核学生的学习质量，考试内容应当多样化。具体而言有以下三种方式：一是为学生设计两套试卷。一套主要是对学生实际操作能力的考核，另一套是对理论知识的考核，学生可以根据自己的知识储备情况从中二选一。当然，也可以设计一套理论和实际相结合的试卷。通过这种区别化设计考试内容的方式，在充分考虑每个学生的特长的同时，又能够体现出教育的自主性，有利于提升学生的应考积极性，有利于教学质量的提升。二是参考目前在多门学科里已经使用的选修题模式。即同一套试卷有一部分的共同题目，还有一部分是自主选择题，学生可以二选一或者是三选一作答。相比于前一种试卷的设计方式，该方式减少了教师的工作量。三是增加附加题。其分值在满分分值以外，学生可以根据自己的实际情况选择做或者不做。

2. 考核方式的变革

综观传统教育方式中的考核形式，通常开卷少闭卷多，口试少笔试多，侧重于理论考核，缺乏足够的实践考核，通过一次考试就评定学生的学习成果，对于衡量学生的学习能力失之偏颇。现阶段处于大数据时代，在会计教育改革的过程中，考核方式也应有所变革，可以分为闭卷考试、开卷考试、口试、笔试、实践操作考试、小考、小论文、总结报告等。这种有利于提升综合能力的多样化的考核方法，应该更加全面、更加深层次地普及下去。具体而言，可以从以下两方面入手：其一，不要将对学生学习效果和学习态度的评估寄希望于期末考核，而是应该在日常的学习状态中加以评价，更加全面、综合性地评估学习效果。现阶段，学生会计学科的最终成绩通常由两部分构成，一方面是期末考试成绩，另一方面是平时成绩，通常二者各占50%的比例。一名合格的“会计人”应该具备的是综合性的业务能力，因此可以适当提高日常成绩所占比重，这样才能够更加公平地反映学生平时的学习情况。其二，提倡开卷考试和闭卷考试相结合的新考试形式。闭卷考试在全世界的教育领域都有着悠久的历史，其优势不言而喻，而且是永远无法替代的，所以在考评形式中，闭卷考试仍然需要延续下去。比如，基础会计的相关考试主要考核的是学生对知识、理论、概念的理解程度，此时以闭卷考试的形式，能够充分督促学生加强记忆，积极应对，夯实会计专业的基础知识。与此同时，在会计教育改革的进程中也要适当地引入开卷考试。开卷考试试题具有多变性，更能够灵活地帮助学生掌握书本知识。借助开卷考试的方式，学生能够发现问题、分析问题并且解决问题，其逻辑思维能力能有所提升。

具体而言，开卷考试有以下三种方式：一是完全性的开卷考试。学生可带入考场的开卷资料包括日常笔记、教科书、参考书、工具书等。有学者曾经指出，教学的根本目的是帮助学生获得思维能力上的进步，考试是为了考核学生的创造能力和创新意识，学生带着书进考场，并不是错误的。二是有限制条件的开卷考试。学生可以带上资料入场，不过对于资料的数量和纸张质量有着一定的要求。此种考试方式的根本目的是让学生更加注重平时的学习积累，而不是临时抱佛脚应付考试。三是闭卷和开卷相结合的考核形式。高级财务会计这门课的考核就可以应用此类考核方式。这类考核形式的试卷前50%的考题内容采用闭卷考试，后50%的考题内容采用开卷考试。当然，也可以选择同一门课程有开卷题目和闭卷题目两种类型，学生根据自己的实际情况加以选择。无论是何种考试形式，其根本目的都是让学生掌握知识，考试只是辅助手段而已。

3. 改革考试题型

相对于传统的会计考试，我们认为，现阶段的考试题型更应该注重对学生应用能力以及理解能力的评估。从会计学的专业特点以及未来的人才培养目标出发，提出以下几点建议。

第一，取消名词解释的论述题或者是填空题，避免学生生搬硬套、死记硬背，应该以应用类题型和分析类题型为主。

第二，在会计专业课程考核过程中，题型可以有五大类：多项选择题、单项选择题、计算题、案例分析题以及论述题。在论述题和计算分析题里面，需要设置相关的计算指标，然后针对计算指标予以一定的分析或处理，以便能够考核学生的综合应用能力。

第三，主观题分值需要有所降低，客观题分值需要有所提升，以这种平衡性来全面、科学地考核学生的成绩。

第四，考核的形式不局限于笔试，还可以采用口试、答辩或者论文的形式，针对学生的实际能力、操作能力、交流能力来予以综合性的评估。

第五，日常考试的次数要有所增加，可以借助调研案例等多样化的考核方式，这样既能够不增加学生过重的课业负担，又能够灵活地评估学生的个人能力和学习状态。除此以外，课题研究等也能够综合地判断学生的学习成果，如会计史之类的课程都可以采用论文撰写、课题研究的方式来予以考评。

二、基于翻转课堂的会计专业课程改革应用

（一）翻转课堂定义以及将其引入会计教学中的意义

1. 翻转课堂定义

翻转课堂，顾名思义，指的是对课堂上学习到的知识在课堂内外的时间加以颠覆性的调整，将学习的主动权从教师转移到学生身上，因此又被称为“颠倒课堂”。诸多的专家和学者对翻转课堂有着各自不同的定义。举例来说，张福寿和王发国阐述了自己对翻转课堂的理解，即教师负责设计教学视频并播放给学生，学生通过观看视频内容展开学习，然后在课堂上和同学、老师进行交流，最终完成教学目标。翻转课堂在会计教学中的应用，指的是教师在课前提供一定的教学资源，辅助学生自行完成学习过程，在课堂上提供一定的帮助，使学生已经提前学习到的知识能够得到强化和巩固，课后再安排相关的学习任务，使学生学到的知识得到进一步巩固的一系列过程。

2. 将翻转课堂引入会计教学中的意义

将翻转课堂引入会计教学中具有如下意义：第一，学习方法的转变。在传统的教学课堂上，教师作为主导力量进行教学，并不能保证全部的学生都能够掌握复杂枯燥的理论知识；但是采用翻转课堂的教学方式，学生可以在自学阶段根据自己的学习习惯和薄弱环节来自主学习，然后在实际课堂上和教师、同学展开交流讨论，以便夯实之前自主学习的知识，这是一种较为轻松的学习氛围，更容易培养学生自主学习能力。翻转课堂也有利于学生主动学习、自觉学习，对于枯燥的会计理论知识，也能抱着愉悦的心情。拥有较好的自控能力的学生在翻转课堂上更容易收获成功。第二，教师教学能力得到一定的提升。在翻转课堂的教学模式下，教师需要提供教学资源，这就要求教师自身必须拥有扎实的设计教学内容的能力，能够更好地把握教学环节、教学目标以及教学方式。充满趣味性的课堂教学内容更容易提高学生的参与度和积极性，在翻转课堂中，有着较强个人能力的教师更容易获得成功。第三，促进师生关系更加融洽和谐。突破传统的教学课堂中教师和学生之间疏远的角色关系，在翻转课堂的教学模式下，二者之间是一种互相促进的合作关系，教师不再是课堂的主体，而是为学生提供有针对性的帮助，拉近了二者之间的距离。

（二）翻转课堂在会计教学中的应用设计总思路

1. 设计理念

在翻转课堂的教学模式下，任何一个环节、任何一个细节都着重强调教师的主导地位和学生的主体地位。在传统的会计教学课堂中，由于受到空间、时间等多重因素的限制，从事会计教学的教师为了尽快完成教学目标，往往采用传统的讲解教学方式，这在很大程度上无法照顾到学生的学习需求和情感需要，不能提高学生的积极性和课堂参与度，最终使整个会计教学课堂的效率无法提升，教学目标无法实现。在翻转课堂的教学模式下，学生的时间更加充裕，对于较为枯燥复杂的会计学理论知识，完全可以放在课下时间完成，这在一定程度上体现了学习的自主性。在翻转课堂上，学生可以利用已经打好的理论知识基础来解决实际问题，充分表达自身的学习诉求和情感需要，由此会计课堂的教学效率得到了显著的提升，教师完成教学任务也不再是艰难的事情。传统的会计教学更多的是倾向于对理论知识予以讲解和夯实，对于教学目标，虽然会有实践能力、理论知识等方面的要求，但是由于多重因素的影响和限制，想让学生拥有较强的实践能力，掌握丰富的理论知识相对较为困难，这和新时代所需要的综合性会计人才的培养目标显然是不相符的。在翻转课堂的教学模式中，对于理论课程的学习和巩固，更多的是利用课外的时间，课堂上则是让学生有更多的时间来对已经学习到的基础知识加以深化理解，在教师的帮助下，学生借助实践提高自身的综合能力，并且对理论知识加以进一步的验证和深化理解，使得学生掌握理论知识、提高实践技能变得更加有可能。因此，教师在设计翻转课堂的学习目标时，需要着重关注如何能够实现学生的自我价值以及提高其实践能力。

2. 教学流程设计

将翻转课堂引入会计教学过程中，教师首先需要在课前设计好教学视频资源，学生通过这些视频内容进行自发学习，在此学习阶段学生不必受到教师的监管，时间相对自由，完全可以按照自己喜欢的方式、能接受的学习时间完成学习，自身真正成为学习过程中的主人。除此以外，学生需要对教师制订的学习任务加以分析，对本章节的学习内容、概念有一个体系化的认知，然后在课堂上对这些知识进行二次理解深化，后续再通过实践教学对其进行第三次夯实。在翻转课堂上，学生借助小组团队的方式来解决问题，可以充分感受到合作的魅力和乐趣，有利于促进同学之间的紧密关系，还可以提升学习效率。教师在收集到学生的任务单之后，根据实际的完成情况，对后续的教学活动予以调整优化，使其真正符合学生的情感需要和知识需求，真正做到以学生为主体。在实际的教学课堂上，对于学生在自学阶段以及小组合作阶段遇到的问题，教师应在第一时间给予疑难解答。与此同时，教师必须观察每一名学生，给出教学反馈以及教学评价，旨在帮助学生扬长避短，取得更大的进步。最后，学生根据教师以及同伴给出的评价结果来审视自身，明确自身在学习知识的过程中的优缺点，便于日后改正。

3. 课前活动设计

将翻转课堂引入会计教学中，课前活动设计环节包含了三项任务：第一项为教学资源的准备；第二项为任务单的设计；第三项为学生自身的学习活动。教学资源的准备环节涵盖内容非常广泛。比如，实地考察视频、互联网资源上的视频教学、教师自制的教学动画或者视频等，通常较为常见的是教学视频，其中又包含了教师自创的教学视频以及在互联网上下载的微视频两类。在教学资源的准备环节，教师需要关注以下几个要素。

一是时长控制。教师在设计一个教学视频的时候，需要考虑将具体的课程内容分为多个知识点，最终合成的视频时长要控制在8～10分钟。之所以考虑将视频的时长控制在8～10分钟，是从心理学的相关研究出发的，当一个人在集中精力做一件事情的时候，通常注意力完全集中的时间不会超过10分钟，之后就会被外界的客观因素或自身的主观因素所干扰。因此，在课堂一开始的前10分钟内，学生的精力相对集中，之后就会呈现逐步下降的趋势，而将教学内容浓缩于10分钟的视频里面，可以让学生充分地感知到知识中的精华所在。因为只有8～10分钟的教学时长，所以教师在讲解知识点的时候要坚持精简原则。除此以外，教师可以选择将知识点分散开讲解，学生在先前掌握的知识的基础之上可以将分散的知识点串联起来，形成一个完整的知识体系。

二是教学语言设计。视频中的教学语言和教师在实际课堂上的教学语言之间存在着差别。在教学课堂上，教师会表述“我们”“大家”“同学们”“你们”这样的词汇，但是在视频资源里面，教师需要营造一种有针对性的、一对一的教学氛围，因此需要用到“你”“我”“咱们”这样的用语，拉近自己和学生之间的距离。翻转课堂借助语言模式中的调整功能，可以让学生获得更多的心理认同，感受到自身的重要地位，从而推动学习效率的提升。

三是添加动画或者字幕。虽然教师设计了视频教学，但这并不是将课堂的教学内容简单地进行信息化或者电子化，而是需要用精简的语言搭配一定的动画或者字幕对知识点予以精练化的传授。在传统课堂中，教师传授知识的方式主要是通过语言的讲解，因此学生想要抓住学习的重点，就要重点关注教师的话语，这就要求学生注意力高度集中，如果学生自身属于注意力较为分散的类型，那么其能够学习到的知识也就有限。但是翻转课堂借助动画或者字幕的方式突出重点，有利于学生第一时间抓取重难点，还可以反复观看视频，在提升兴趣的同时，有利于增强学习效果，推动学习效率的提升。

四是任务单设计。如何能够检验学生在自主学习阶段的最终成果，必须依赖任务单的考核，通过参考任务单的具体情况，教师也可以对后续的教学活动设计予以优化调整。教学任务单的主要内容包含学习任务、学习目标、疑难问题等。学习任务主要是引导学生进行自主学习，并且指导其应用何种学习方法来理解教学内容。学习任务分为两类——个人学习和团队学习，个人学习主要是对自学成果的检测，团队学习主要是对集体逻辑思维以及知识体系的裁定。疑难问题则是将自身在学习过程中以及团队合作过程中无法解答的问题记录下来，寻求教师的帮助。教师通过对任务单完成情况的核定，决定是否需要进一步调整自己接下来的教学工作。

4. 课堂活动设计

教师之所以需要对课堂活动进行设计，其根本目的在于巩固学生在自学阶段的学习成果，因此教师需要严格参考学生提交的学习任务单的具体情况来对课堂活动进行调整。课堂活动设计包括以下几个部分：第一，对自主学习阶段成果的检验，包含对知识点的把握和理解。第二，对重难点知识的反复练习，其目的在于帮助学生深刻理解重难点知识。第三，实践能力的培养，通过小组合作或者个人考核的方式，帮助学生提高实践技能。对于课堂活动的设计，需要坚持目的性原则和趣味性原则，在保证学生对知识能够深刻理解、夯实基础的同时，不能忽略趣味性的渗透，不然就会使课堂氛围沉闷，形式固化。例如，可以借助游戏比赛的方式，将学生分成固定的小组来进行对抗比赛，对于最终表现优异、得分最高的小组，教师可以给予一定的奖励或者口头表扬，在这些评分较高的小组内再奖励表现最为优异的学生，这样既能够帮助学生建立集体荣誉感和自信心，又可以形成较好的表率作用，促使其他同学向优秀者学习，整体性提高课堂的教学效率，尽快达成教学目标。除此之外，教师在对成绩较好的小组团队予以表扬的同时也不能够忽略其他小组，需要对其存在的问题予以归纳和解决。第四，评价环节。在课堂活动的最后，教师要设计一定的评价环节，对大部分学生都容易出现的问题予以归纳分析，对课程章节中的重难点细节再次进行强调，以充分引起学生的重视。这种评价和反馈的机制有利于帮助学生认识到自己在学习过程中的不足，后期能够扬长补短，不断进步。

5. 课后活动设计

课后活动设计包括两大部分：课后巩固活动设计和课后评价设计。在课后巩固环节，教师要从翻转课堂的目的出发，帮助学生掌握理论知识，提高实践技能，因此可以借助绘制概念框架图的方式，评价学生的综合掌握情况。每名学生都需要提交概念框架图，将自己日后需要注意的重难点进行标注。除此之外，为了能够考核学生的实践能力，教师可以在课后要求学生完成与本章内容有关的实践活动。在课后评价环节，可以借助小组互评和教师评价两种方式，让小组成员之间通过优势和劣势互补的方式加以配合，形成互帮互助的良好氛围，促使每名学生充分发挥个人优势，在学习他人优点的同时弥补自身的不足。

（三）翻转课堂实施要点及保障条件

1. 翻转课堂实施要点

将翻转课堂引入会计教学过程中，在具体的落实环节需要关注以下五点：第一，要确保学生在自主学习阶段拥有足够的自觉性。后续所有教学过程中的设计和落实环节以及保证最终教学目标的实现都有一个统一的前提，即学生在自主学习阶段能够完整地观看视频，并且收获一定的知识。如果学生无法进行自主阶段的学习，那么后续的课堂活动将不能顺利开展，自然也就无法提高教学质量。第二，要确保教师提供的教学资源有一定的趣味性。学生在自主学习的阶段不受教师的监管，受到周围其他客观因素的影响，这就要求教师提供的教学资源拥有一定的趣味性，能够充分吸引学生的注意力，抓住他们的兴趣点。第三，在设计课堂活动的过程中，要目的性和趣味性并存。在翻转课堂的教学模式下，学生已经完成了自主阶段的学习，而在实际的课堂上，主要是在夯实理论基础的同时培养实践能力，所以教师要充分重视课堂活动设计的目的性和趣味性，让学生有兴趣积极配合教师完成教学过程，达到良好的教学目的。第四，要注意课堂纪律的维持。不同于传统教学课堂上采用的学生坐着听、教师站着讲的方式，在翻转课堂的教学模式下，学生有了更多的主观能动性，教师将学生分成了若干小组团队来参与课堂活动，所以需要对课堂纪律加以把控，以保证良好的课堂纪律，否则就会影响活动的落实情况，甚至还会威胁到学生的安全。第五，反馈机制。对于学生在翻转课堂模式下的具体表现，教师要予以及时的评价，以便其能够更好的进步。在传统的教学过程中，评价反馈的滞后性会在一定程度上影响学生的进步，但是翻转课堂解决了这一弊端，能够予以学生及时的、全面性的评价。

2. 落实翻转课堂的保障条件

要保证翻转课堂教学模式的正常实施还需要具备以下几个方面的条件：第一，部分学生在报考会计专业之前，自身有着一定的专业盲目性，积极性有待提升。但是，学生应对新事物，特别是对高科技事物有着较强的接受能力，我们要遵从这些特点设计教学环节，翻转课堂的教学模式要符合学生的个性化特色。第二，学校信息技术和网络设备的完善至关重要。翻转课堂是在网络技术和信息技术的基础上出现的，所以想要落实发展翻转课堂在会计教学中的应用，学校就必须重视信息技术和网络设备的完善。第三，会计专业教材优化调整。翻转课堂的应用着力于培养学生的实践能力，但是现阶段随着社会的进步，对于专业的财会人员的工作要求也在不断调整，翻转课堂培养的人才所具有的技能要符合社会的需要，所以教材内容与时俱进是必备的。第四，教师需要不断完善自己，以符合翻转课堂和信息化时代的要求。与传统课堂不同，学生在翻转课堂上主要以完成教师设计好的教学活动为主。基于此，从事会计教学的教师，除了必须具备一定的教学技巧和丰富的教学经验以外，还需要能够维持好课堂纪律，把控课堂进度，这是确保教学活动顺利开展的法宝。第五，对教师予以精神激励或者物质奖励。有别于传统课堂，翻转课堂的应用本身对于教学老师而言就是一项突破和挑战。要想使翻转课堂在会计教学中得到大范围的应用，并且取得良好的教学效果，就需要对教师予以一定的物质奖励或者精神奖励，推动其使用翻转课堂的积极性的提升。

（四）将翻转课堂引入会计教学中的具体策略

翻转课堂是一个非常有效的教学手段，它是在保证学生完成理论学习的条件下，不断提高实践技能。在会计教学的过程中，多个教学章节都可以应用翻转课堂，以“复式记账与借贷记账法”为例，深入探讨将翻转课堂引入会计教学中的具体策略。在会计专业的学习过程中，“复式记账与借贷记账法”是一大重点，也是一大难点。对于该重难点的学习，将会直接影响到日后的学习过程。因此，将翻转课堂教学模式引入课前准备、课堂教学活动的组织与开展、评价及反馈环节三个部分，以下予以详细说明。

1. 课前准备

将翻转课堂引入会计教学过程中，教师要根据班级人数的实际情况对学生进行分组，每组确定一名组长，确保每位同学都知晓接下来的课堂活动和教学安排计划。在传统的教学过程中，虽会有课前预习环节，但是由于课程内容较为庞杂，学生首次接触无法及时抓住重点和难点，而且教师也不会将自身的教学设计思路讲解给学生，所以预习效果不佳。在翻转课堂的教学模式下，教师要将自身的教学安排计划告知学生，以便学生能够达成更好的预习效果。翻转课堂教学模式在我国现阶段还没有大范围地普及，所以如果在互联网上寻找相应的教学资源，很容易出现时间过长、重难点不突出的问题，这就要求教师要自行整理教学内容和重难点，自己录制视频传递给学生。

教师事先要准备关于“复式记账与借贷记账法”的多个短视频，每个视频保持在8～10分钟为宜。在录制视频的过程中，教师要充分参考学生自身的学习水平，逐级、逐层次地讲解内容，并按照会计知识章节制作短视频，为后期开展模块化教学奠定基础。采取模块化的教学方式，能充分激发学生学习兴趣，对制作的视频进行整理，生成目录，将视频字幕、动画和课本的知识融合起来，突出重难点的同时也要建立知识体系。具体的视频内容包括借贷记账法的定义内涵、特点，借贷记账法下的账户结构，借贷记账法的具体应用。教师要控制好每一个视频中的知识含量，对知识点合理划分，结合理论知识和实践操作，对知识内容细化分类。教师可以借助动画形式、动态展示效果等，帮助学生理解知识。例如，学习“投资项目财务评价指标”这一模块时，教师可以借助制作曲线图的过程，直观地展示经济寿命周期。在“复式记账与借贷记账法”模块中，具体的教学目标分为以下三项：情感目标，通过对“复式记账与借贷记账法”的学习，树立对本专业的学习信心，能够培养基础会计扎实严谨的工作态度；能力目标，参考不同的经济业务画出不同科目的账户结构并展开试算平衡；知识目标，掌握借贷记账法的定义，区分单一记账和复式记账的区别，了解记账规则以及记账符号等。比如，在“计提坏账准备业务”的相关内容学习过程中，教师可以结合实际情况，将其中的内容直接设计为“某企业在日常经营管理过程中，已经连续两年出现应收账款余额以及整个过程中出现的坏账损失问题。在这一背景下，企业必须从中得到相对应的资产负债表、坏账准备等，这样才能为企业的日常运作提供有效保障”。通过这种类型问题的提出以及这些问题在实践中的有效落实，引导学生针对这些问题进行思考，主动了解和认识教学内容。除此之外，教师还可以将理论知识分为预测、规划、控制、决策、考核等模块，将模块化知识点制作成完整视频，在激发学生学习兴趣的同时，提高会计专业学生的职业能力。

教师提供了充足的教学资源，将其上传到校园云平台之后，还需要配备一定的解说词，以利于学生在观看视频的过程中能够更好地理解知识点。除此之外，教师还要积极鼓励学生开展自学行动，学生根据教师要求自行进行学习，可以下载观看、在线观看视频内容，并且参照任务单要求绘制出本章节的概念框架图。虽然教师对学习模块的重难点在视频中予以了梳理，但是不可能涉及全部的教学内容，为呼应翻转课堂内容，教师在教学中应注重让学生自主解决问题，必要时对学生进行点拨、指导。例如，在课堂教学开始之前，让学生针对自身的特点列出本节课需要完成的目标，让学生向着完成目标努力，提高学生自主学习能力。一般情况下，由于学生本身存在个体差异性，他们在预习完成之后对视频当中所呈现出的内容也会有不同的理解，所提出的问题也具有明显的不同。这时候，学生就需要将自身在学习过程中无法解决的疑难问题记录下来，汇报给组长，由组长整理好表格汇总给教师，教师以学习任务单的具体情况为参考依据，调整接下来的教学活动。

推行翻转课堂的教学模式对部分自控能力较差的学生而言具有一定的挑

战性，因此需要教师的辅助，教师可以布置一定量的学习任务，督促学生完成自学任务。

2. 课堂教学活动的组织与开展

针对“复式记账与借贷记账法”的学习目标，教师要合理组织和开展课堂教学活动。第一，学生自行学习，自行总结出关于借贷记账法的定义、特点等概念性的基础知识。第二，参考教师给出的理论知识模板，对自己总结出的基础知识加以修正。第三，以实际的经济案例为参考，画出不同账户类别的基本结构。第四，编制会计分录，登记各类账户，进行试算平衡实验。将翻转课堂引入会计教学中，有利于师生互动。教师承担了知识引导的角色，需要对学生出现的问题及时予以疏解，不断深化学生的自学内容。教师先按照不同的组别将问题发给组内成员，让学生积极地讨论交流，目的是让学生之间建立合作学习的氛围，引发学生自主思考。在这个过程中，教师要协助学生一起解决问题，待问题解决之后，由组长将结果汇报给教师。每个学生都有各自的思考和观点，最后归纳出一个结果的过程就是对知识再度梳理的过程。在小组的正常沟通和交流过程中，小组成员可以对一些简单的问题进行处理，教师则可以通过一些测试对学生解答问题的正确率进行评估。在这个过程中，教师要对正确率较低的问题进行重点讲解，将正确率较高的问题交给学生，让他们在小组内处理。在翻转课堂教学过程中，通过现场提问、补充回答、学生抢答等方式都可以很好地检验学生的学习效果，学生也可以在课堂上收获自信，展示出自己对理论知识的了解程度，获得教师的表扬和激励，还能认识到自己和其他同学之间存在的差距，为日后的学习进步奠定基础。在课后，教师需要布置作业帮助学生对所学知识进行深化巩固，以提高学生的实践能力。具体来说，课后作业可以是练习题，也可以是实践范例。在实践技能上，教师可以让学生上台操作具体的会计仿真软件。比如，在学习Excel中的财务函数DB、DDB、SLN、SYD、FV、PMT时，教师要先让学生在上机前观看对应的视频，了解教师的规范操作，对课本中对应指令有清楚认识，然后引导学生对照课本中的操作知识进行上机学习。学生在学习中应结合财务信息及任务，选择合适的函数，通过规范操作计算机，输入信息完成工作。教师在学生上机操作的过程中，要注意观察学生的操作，及时发现问题，及时解决。比如，“Excel在会计工作中的应用”这一章节，涉及Excel的一些基础操作（如分类汇总、筛选、排序等），部分学生本身已经掌握了这些操作技能，但是并不具备将其和会计核算相融合的水平，这就要求教师要了解学生的计算机使用水平，引导学生在具体的财务信息处理上进行操作。教师也可以在课堂结束后，为学生布置会计电算化、基础会计、成本会计、财务会计等方面的学习任务，将课堂上涉及的知识及ERP软件操作规程的练习作为作业，让学生在课下自主完成。在下次上课之初，教师可借助书面检查、收作业、学生之间交叉检查或者提问的方式，检查上节课布置的作业的具体完成情况。除此之外，随着学习通、QQ软件、微信等的广泛普及，教师可以借助这些互联网平台对学生进行指导，对他们遇到的重难点问题予以解答，帮助学生提升专业会计能力。

3. 评价反馈环节

传统教学模式下的评价只是对学生的课堂表现、学习成绩等方面进行简单的评价。在翻转课堂教学模式下，这种评价方法有所调整，教师和学生都能够对课堂内容进行评价，不管是对教材的设定、学生的自主学习能力，还是对课上、课下的作业完成程度，都能够进行全方位的反馈。比如，教师在实际教学中要着重关注学生的自主学习效率、实践能力等，并以此作为评价指标，结合知识的重要程度，对知识进行不同等级的划分，从而对学生的学习能力进行评价。学生可以对教师的讲课方式、趣味性、深入性等方面进行反向评价，这也是教师获得学生反馈，并提升自身教学水平的重要方法。评价与反馈的方式复杂多样。学生对教师的评价可以以小组为单位，开展及时、公开、公平性的考核；教师对学生的评价则主要以学生的课堂表现、学习效果以及作业完成情况等为依据，及时反映学生学习的真实水平。此外，教师还要引导学生观察，相互评价。当然，这种评价并不是要让学生相互挖掘对方的缺点，而是要相互督促，共同进步。教师通过多元化的评价方式，能够及时解决教学中存在的诸多问题，从而提升课堂教学水平。

三、基于微课的会计专业课程改革应用

（一）微课特点

与传统教学方式相比，微课具有如下特点：第一，时间短。微课一般集中对某一个具体问题或知识理论展开有针对性的描述，时间通常控制在10分

钟内。从时长的角度出发，微课和网络课堂二者之间存在着较大的差异，微课时间短，网课时间长。第二，交互性强。微课的制作过程并不完全是由教师一人负责的，还有企业人员或者学生的参与。第三，多元化的表现形式。微课的表现形式不仅包括短视频，还包括电子课件、电子教案、知识延伸等。它不仅是对传统教学理论知识点的精练和讲解，还可以对教学内容展现的工作场景予以模拟。第四，短而精。这里的短而精主要是针对教学内容而言的。虽然微课的授课时间较短，教师难以在短时间内阐述过多的知识内容，但是在短时间内能够将知识点进行较为深入的讲解，加深学生对知识的理解。只有充分认识了微课的特点后，教师才能够更新创作思维，借助微课提升会计教学质量，培养出符合现代社会需要的综合性会计人才。

（二）微课的分类

微课是一个总体的类型称谓，其有不同的展现形式，适用于不同的会计教学内容。

1. PPT型

PPT型是当前阶段会计教师较为青睐的展示方式之一，其制作较简单，展示直观，可以是图片、文字，也可以配上动画、视频、音乐等，适合绝大多数的会计课程内容，如知识点之间的区别、具体的操作步骤、知识分类或者是概念类的内容，都可以借助PPT型的微课来展示。在制作PPT的过程中，要想最终呈现出的视觉效果是协调的、具有美感的，必须尽量压缩文字部分，多用图片展示内容，可以插入动画、视频、音频等。PPT制作完成之后，要将其转化为可播放的视频文件，以方便学生观看。

2. 拍摄型

拍摄型的微课更加适用于操作类型的知识展示。与PPT型相比，拍摄型微课对拍摄人员的要求较高，而且需要一定的时间和精力进行后期制作。受到客观因素的影响，部分教师会采用手机或者是家用摄像机进行拍摄，总体视觉效果稍差，但是依然可以发挥微课的作用。对于高等院校的会计教学而言，拍摄型的微课更加符合操作类知识的展示需要。比如，会计账簿种类、凭证装订、原始凭证种类、原始凭证整理等，记账凭证种类、资产负债表的编制、结账等知识借助拍摄型的微课记录操作过程会更加直观。

3. 动画型

动画型的微课制作过程较为复杂，但是最受学生欢迎，它要求教师有一定的Flash制作基础。比如，会计处理程序、资金运动等内容借助动画型的微课，能够在形象活泼的展示中突出重难点。

4. 录屏型

录屏型的微课较为专业，主要借助电脑软件进行课程的录制，后期需要一定的剪辑。对于需要更多电脑操作的会计课程，可以用录屏的方式进行课件展示，通过外接话筒，教师的讲解声音还可以收录其中。比如，报表编制、资金运动以及会计处理程序等都可以进行录屏展示。

以上是目前使用较多的四种微课展示形式，它们有着各自的优缺点，教师可以根据实际的教学需要单独使用或者搭配使用，但是无论采用何种微课类型，都要求选题清晰、控制时长、突出重难点、录制的语音清晰、展示到位，不会造成学生观看上的困扰。

（三）将微课引入会计教学中的意义

1. 有利于演示教学和情景教学的结合

借助微课，教师利用现代网络技术将教学内容展现在屏幕之上，有利于演示教学和情境教学的结合。这种教学模式，可以展现多重的会计教学内容，如会计报表、会计账簿、会计凭证等，借助声音、图像、图形的刺激，帮助学生调动学习欲望。除此之外，借助微课，教师可以模拟真实的工作场景，给予学生较强的真实体验感，让他们有身临其境的体验。例如，在微课的制作过程中，教师可以插入一小段视频，主要内容是企业的一套会计处理流程。另外，随着AR技术、VR技术的渗透，学生也可以模拟不同的会计类岗位来完成申报纳税等基础工作。在高新技术飞速发展的今天，微课完美地融入了现实性情境、虚拟性情境、声音、图像、文字、图形、动画等多样化的内容，营造了一个融合式的交互型学习环境，促进了传统会计教学模式的优化。

2. 有利于调动学生积极性，实现个性化教学

兴趣是最好的老师。在会计教学中，学生只有对学习产生兴趣，才能发挥主观能动性，自觉地、主动地、积极地进行专业学习。不可否认的是，部分学生在入学之初对会计专业的选择并不是主动的，而是被迫调剂或者是亲

朋好友的建议，所以先要调动学生的兴趣。会计课程集理论和实践于一体，这就要求学生在充分掌握理论知识的基础之上，能够有较强的实践动手能力，于是，微课应运而生。微课短小精悍，是充分体现学生学习主体地位的一种教学模式，教师可以将碎片化的内容录制成微课，通过生动形象的微课激发学生的学习兴趣，满足学生的个性发展要求，实现个性化教学。

3. 有利于学生形成自主学习能力

教师在设计微课视频的过程中，可以设置一定的悬念，或者提出需要学生思考的问题，使学生在学习过程中集中注意力，跟着教师的思路走。同时，在课堂教学中，教师要着重学习方法的讲解和传授，让学生形成解题思路，这样，有利于学生形成自主学习能力。随着学生自主学习能力的不断提升，教师在教学中要设置一定的难点障碍，提升自主学习的难度。在课堂教学中，教师要引导学生积极发言，以检测其自主学习的效果，或者提供一定的平台，让学生以教师的身份讲解学习内容，这有利于学生深化对知识的理解。除此之外，合作学习也是微课学习模式的重要组成部分，通过合作学习，小组成员之间积极讨论，一起致力于疑难问题的解决，有利于学生充分发挥主观能动性，提升学生的沟通能力、自主学习能力。

（四）将微课引入会计教学中的具体路径

1. 将微课引入会计教学的导入环节

在课堂教学中，导入部分起到了至关重要的作用。尤其是会计理论知识的学习较为枯燥，将微课引入导入环节，可以增强导入的生动性，吸引学生的注意力，调动他们的学习积极性，使学生以良好的心态投入本节课的学习过程中。比如，在讲解“非货币性职工薪酬——自产产品”模块时，以每年大型企业的年终奖作为导入，可以播放联想公司、小米公司等发放员工福利的视频，让学生体会企业家的“大方”，随后将关联知识点抛出又可以让学生明白企业家如此“大方”地发放自产产品作为职工福利的意义，从而进一步体会非货币性职工薪酬在实践中的应用；在阐述“收入”这一模块时，可以“守株待兔”这一广为人知的寓言故事作为导入，阐述本节课知识点：农民日常劳作的农作物收入是其主营业务收入，处理变卖一些劳动用具获得的收入是其他业务收入，而通过守株得到的兔子属于营业外收入。将微课引入导入环节，通过生动有趣的导入，可以营造轻松愉悦的课堂氛围，激发学生的学习兴趣，深化学生的思考，为教学目标的实现奠定基础。

2. 以微课的形式展示会计教学重难点，突出教学主题

一般来说，微课是针对某一个具体的知识内容进行讲解。将微课引入会计教学中，教师要明确教学主题，把握教学内容中的重难点，为学生营造一个友好、和谐的氛围。比如，在学习“审核原始凭证”这一模块时，教师可以将审核原始凭证在实际操作中的重难点设计成微课，突出教学主题，突破教学重难点，让学生更好地理解和掌握所学知识。这样，学生在观看视频的过程中就能够了解本节课的重难点，对整个章节的知识点有一个大体的感悟和认知。

3. 夯实知识，巩固复习

无论采用何种教学模式，想要提升教学质量，取得良好的教学效果，巩固复习环节必不可少。微课除了可以用于课前预习、知识小结外，也可用于巩固复习环节。在会计教学中，教师可以将需要巩固复习的知识点以思维导图的方式串联起来，并借助微课这一渠道展现给学生，使学生形成知识框架，巩固所学知识。另外，在课后巩固环节，微课也发挥了很大的作用。教师可以将一些需要重点复习的知识制成微课视频，发给学生或发布在相应的平台上，让学生随时随地通过手机、电脑等移动设备进行学习，巩固课堂所学知识。这样，就完全实现了学生自主学习的要求，培养了学生的自学能力。

（五）将微课引入会计教学中的注意事项

1. 明确教学目标

现阶段，相当一部分会计专业的学生并未全面了解和掌握自己所学专业的具体用途，不清楚自己将来需要做什么工作，即使部分学生知道自己将来做什么工作，也由于缺乏系统的了解和掌握，缺乏方向感，无法全身心投入课堂教学中。因此，在微课教学中，教师要结合学生特点和教学大纲要求，明确教学目标，耐心地向学生讲解课堂教学的核心目标、课堂教学的重难点，使每一位学生都积极地参与到课堂学习中，进而有效提高会计专业教学效率。

2. 尊重学生的意见和建议，加强互动

当代教学改革的一大重点就是强调以人为本，以学生为课堂教学的主

体，因此在微课教学中，教师要充分尊重和采纳学生的合理意见和建议，这样才有利于形成和谐的师生关系，使师生之间产生情感共鸣。在会计教学中引入微课，教师要加强与学生之间的交流，通过一对一或一对多的交流方式加深彼此的了解，并站在对方的角度进行反思和总结，充分体现师生之间的互动。需要注意的是，在这一过程中，教师是引导者，要充分调动学生的主观能动性，鼓励他们积极提出自己的意见和建议，并对他们给予尊重和肯定。

3. 教师要与时俱进，掌握高新技术

将微课引入会计教学中，对教师提出了更高的要求。课前，教师要自行录制视频；课中，教师要通过微课视频向学生传递学习内容；课后，教师要通过视频的方式，总结学习要点，帮助学生巩固知识。同时，教师还要不断变化视频内容，使学生保持学习兴趣。这就要求教师与时俱进，掌握高新技术。只有这样，教师才能为学生录制出个性化、内容丰富的微课，才能充分利用信息技术与教学设备为学生灵活呈现丰富多彩的学习内容，与学生进行深入交流。

四、基于慕课的会计专业课程改革应用

（一）慕课的定义、特征以及相关研究

1. 慕课的定义

慕课来源于英文的汉译，即“Massive Open Online Course”的首字母缩写“MOOC”，指的是大规模在线开放课程。“慕课”这一概念由加拿大学者布莱恩·亚历山大和戴夫·科米尔在2008年首次提出。较为遗憾的是，虽然此概念被成功提出，但是并没有学者对其展开后续的研究。直到4年之后，慕课模式才真正风靡全球，因此2012年也是慕课发展史上的里程碑。

2. 慕课的特征

一是大规模开放式的网络环境。慕课最突出的特征就是其大规模开放式的网络环境，基于此优势，学生可以突破经济能力、地域范围，以及空间和时间上的束缚，无论身处于何时何地，只要有网络就能学习。学生可以通过免费注册账号的方式，利用网络，享受到各种各样的资源。这种大规模的开放式网络平台不会因为人数限制而影响学习，所有人都处于同样的学习环境

下，大家都是平等的，因此这种开放式的网络平台也有利于教学成果的展现。

二是自我导向的学习方式。每个学生都有自己的性格特点且兴趣不同，所以其学习的方式存在很大的差异，对此，教师可以利用慕课教学为学生提供更广阔的学习空间。在慕课教学背景下，学生可以选择自己感兴趣的学习平台和教学工具，以取得好的学习效果。与传统的教学形式相比，慕课教学能够真正实现教学课件的反复观看，让学生根据自身的学习情况来调整学习进度，真正做到合理安排教学内容，实现高效教学。

三是更加和谐的师生关系。在慕课教学中，教师不再采用灌输式的教学方式，而是从单纯的引领者转变为参与者，与学生真正实现了互动。对于学生而言，在慕课的学习环境中，即便遇到不会的问题，也不再抱有恐惧的心态，而是积极主动地向教师请教。在这种情况下，教师和学生之间的距离被不断拉近，其关系也趋向和谐。

3. 关于慕课的研究

随着慕课的演进，其理论研究文献不断出现。最早关于该课题的理论研究较浅显，主要是针对其课程设置、运营方式、发展影响以及发展史予以剖析；后续的研究则更加深层次地解读其学习方式、技术支持、本质根源以及相关支撑理念。从2011年开始，全球每年针对慕课的研究文献不断增多，而且新的慕课平台呈现出直线增长趋势。总体而言，全球关于慕课的研究处于较高的热度和水平。

近年来，诸多专家和学者对慕课进行了研究，提出了自己的观点。例如，罗淑芳、王宇从全球范围分析了近年来慕课的成长史，并首次用图表的形式直观展现慕课的平台增长量以及用户使用量，得出了一些观点：第一，现阶段，全球范围内的慕课平台越来越倾向于商业收费，以维持平台的永续化发展。第二，慕课的未来发展倾向于成人教育以及行业培训，通过企业参建、线上线下搭配等方式，帮助在职者规划职业生涯，提升专业能力。第三，当前高校不断深化对慕课的研究，以使其适应教育变革的发展。再如，通过分析网络平台上有关慕课的论文，发现其在数量上呈现不断增长的趋势，而且慕课作为关键词出现的频率越来越高。

（二）将慕课引入会计教学中的必要性分析

1. 时代发展的需要

将慕课引入会计教学中是时代发展的必然需要。只有不断加强网络技术在线教育在高等院校课程改革中的应用广度和深度，才能真正使培养出来的学生符合社会的要求，跟上时代发展的步伐。从宏观层面来看，慕课突破了传统课堂的诸多禁锢，解放了学生的思想，激发了学生的学习兴趣。综观当今社会的各行各业，无一不在努力引入信息技术，促进自身产业和高新技术之间的融合，以融合促发展；信息技术作为强大的推动力量，也在不断地促进每个行业的发展，二者之间是一个互相促进、共同发展的关系。在教育领域，传统的课堂教学较为沉闷，师生关系较为紧张，很容易让学生产生厌学的心理。信息化时代从以人为本的教育理念出发，结合时代需要和教育需要，通过慕课推动会计教学改革已势在必行。可以说，在会计专业教学中，慕课的引入是大势所趋。

2. 教学改革的必然要求

我国的教育事业从1980年起迈向了新的征程，进入了飞速发展的阶段。但在看到教育事业蓬勃发展的同时，也不能忽略其中存在的问题，如教学方法单一、课堂氛围沉闷、学生实践能力有待提高等，这些问题直接影响着学生的成长。要想解决这些教学问题，为学生营造一个良好的教学环境，首先要改变传统的教学观念，其次要创新教学方式和手段。教学改革是时代发展之路上的重大举措，也是教育发展的必要途径。在会计专业教学中采用慕课这一教学形式符合教学改革的要求，有利于提高学生的积极性和教学质量，因此有必要将慕课引入会计教学中。

3. 符合会计学科自然发展的需要

会计这一岗位对企业的发展起着推动作用，任何企业想要可持续发展，必然需要财务管理方面的一些数据，这些数据为决策者提供了重要的决策参考依据。由于企业对会计专业人才有较高的要求，现阶段的会计统计以及会计核算部分已经逐渐由单纯的人力工作转变为信息技术工作，这和传统的会计工作有一定的区别。利用信息技术，能够快速、准确地处理、分析数据，因此会计从业人员要具备一定的信息技术能力。而传统教学中部分计算机程序的操作知识仅依靠课堂教学来获得，很难使学生达到预期的教学目标，慕课教学能够很好地解决这一问题。在慕课教学中，教师可以通过网络视频的形式，将会计操作展现出来，并为学生预留一定的时间进行练习。

（三）将慕课引入会计教学中的基本路径

1. 整合教学内容

区别于其他课程，会计教学是一门兼具理论性和实践性的课程。在学校期间，教师应当充分调动学生的学习积极性，让学生对会计理论有全面的认识和了解。由于会计专业知识点较为繁杂，因此在课堂教学中，教师要引入慕课，整合现有教学内容，包括会计凭证认识、基本的会计知识以及财务报表认识等，需要学生对这些学习内容都有全面的认知和了解。因为在日后的工作中，实践是核心，理论是基础，只有让学生全面熟悉会计岗位的工作性质和工作内容，才能够更好地开展相应的教学工作，为我国未来社会和企业发展培养高素质人才。慕课教学有一定的优势，教师在实际教学中可以充分利用慕课来拓展教学内容，讲解重难点，让学生在课中、课后都能够实现网络化学习。

2. 改革教学方式

（1）案例教学法

在慕课教学中，教师可以将一些案例穿插进来，引导学生在自身已掌握的知识基础之上，分析具体案例，进而培养学生的分析能力。教师在引入案例的过程中，需要遵循循序渐进的原则，避免学生因直接面对较难的案例问题而无从下手，进而产生厌学情绪。

（2）模块化教学

虽然会计教学是一个整体化的体系，但是将其分成模块进行教学，更有利于发挥慕课教学的特色。在实际教学中，教师应当编写详细的教案，运用模块化教学，将教学划分为教学计划、教学目的、策略执行、目标达成。在课上，教师要将这些模块全部展现给学生，让学生在脑海当中有明确的梳理导图，对本节课所要讲述的内容有全面的认识与了解。

（3）课堂模拟情境法

会计课程具有较强的实践性，在教学中，教师要重视学生实践能力的培养。在慕课教学中，教师要结合教学内容，运用现代化的教学工具，为学生创设一定的教学情境，让学生犹如身临其境，从而提升学生的实践能力，确保学生未来顺利走上工作岗位。

3. 设计测验环节，创新考核方式

精心设计一些练习、测验，促进学生对知识的掌握，是慕课教学的核心教学理念之一。测验内容可以分为小单元测试和期末考试两种类型。小单元测试的目的是了解学生对章节知识和技能的掌握程度；期末考试则是要测试学生对整个课程的知识和技能的掌握程度。一般做法是在汇总所有小单元测试题目的基础上，附加一些难度高的题目。测试时，学生用随机生成的试卷进行测试。借助信息技术，慕课课程的测验允许学生尝试3～5次，从中取最佳成绩作为有效成绩，这在一定程度上提高了学生的学习兴趣和自信心。

现阶段，会计教学不断改革，因此考核方式、评价方法也要有一定程度的创新。需要注意的是，不仅教学方法要创新，教学内容也要创新。教师可以引入创新式的个性化考核方案，用以评估学生的各方面情况，如任务完成进度、课程掌握情况、自学水平、学习态度、心理状况等。据相关的数据调查可知，从事财会类工作的人员的心理承受能力在很大程度上会影响他们工作能力的发挥，如果没有较好的心理承受能力，那么在数据统计、数据分析、财务做账等环节就很容易产生畏难情绪。因此，在会计教学中，教师要着重培养学生良好的心理承受能力，通过慕课为学生提供一些心理辅导资源，缓解学生的紧张情绪，帮助一些心理状态较差的学生及时调整情绪。对于在考试中发挥失常的学生，还可以多给其一次补考的机会，这样人性化的考核方式更受学生的欢迎。

4. 拍摄教学视频

微课中使用的教学视频可以直接应用到慕课中，时长控制在5～10分钟，要求针对学科内容中的核心知识点、重难点予以解说。以“支票填制”教学为例，可拍摄某财务人员真实填写支票的全过程，或者为学生提供通过计算机技术模拟出的支票填写过程。以这些内容为主的视频短小精悍，通常在3分钟左右，通过学习视频中的内容，学生能够确切地认识到支票填写所要求的格式和内容。

5. 注重实践教学

在传统的会计教学中，受到客观条件的限制，教师更多的是传授财务学相关理论知识，很少为学生提供实践机会，导致学生的实践能力不强，在实践工作中无从下手。将慕课引入会计教学中就解决了这一问题。在慕课教学中，教师可以为学生提供更多的练习机会，在练习中深化学生对理论知识的理解。比如，在学习Excel基础知识时，教师可以为学生提供一些关于Excel在会计专业应用的视频，帮助学生掌握Excel技巧，尝试解决现实中的财务问题。

第三节　大数据时代校企合作平台的搭建

在当今大数据时代，数据分析和处理的能力已经成了企业招聘的重要标准。而在这个背景下，国内高校对于大数据和会计专业的人才培养也逐渐增加了投入。基于校企合作的大数据与会计专业数智化实训基地设计是一种新型的实践教学模式，旨在通过多方资源共享、开放式实践环境和企业投入等方式，提高学生的综合素质和实际操作能力，同时促进产学研相结合，为社会培养更多的高素质人才。本节将探讨在校企合作背景下，大数据与会计专业数智化实训基地的建设和实践。

一、会计专业校企合作共建会计实训基地建设的意义

会计专业校企合作共建会计实训基地是指在大学和企业之间共同建立一个实践性、专业性的教学与实践平台，以便更好地为会计专业学生提供接触实际工作、提高实际技能、增强实践能力的机会。这种合作模式有助于培养面向现实情况的复杂问题处理能力，增强学生的实践经验和综合素质，提升企业的成本效益和竞争力。会计专业校企合作共建会计实训基地建设对会计专业教育和实践的意义是深远的。

（一）提高会计专业人才的实践能力

会计行业作为被国家重点关注的行业之一，其职业人员不仅要具备丰富的理论知识，还需要具备较强的实践操作能力。而传统的理论教学往往无法满足学生实践操作需求，会计专业校企合作共建会计实训基地可以填补这个空缺，为学生提供实际操作过程中所需的硬件设施和软件环境，并建立实际案例和项目实践，使得学生能够真正了解会计工作流程。通过这种方式，学生可以在实践中掌握知识，培养实践能力，增强自信心，并在以后的职业生

涯中更快地适应工作要求。[①]

（二）促进会计专业与企业之间的深度合作

会计专业校企合作共建会计实训基地，是学院与企业之间开展深度合作的体现。该模式为企业提供了一个与学院深度合作的平台，可以让企业了解到学生的实际能力和技能水平，而学生也可以从企业实践中获益，了解企业实际运营模式，同时结合自身专业知识，提出具有价值的建议和方案。这样能够加深学院与企业之间的联系，建立实质性的长期合作关系，最终达到双方互利共赢的目的。

（三）加强会计专业人才的实践创新思维

会计专业校企合作共建会计实训基地，不仅为学生提供了一个实践教学平台，还可以鼓励学生在实践中积极探索，提出新意见。通过实践课程的设计，可以让学生自主完成一些小型项目设计、分析或者解决方案等创新性任务。这些任务可以促进学生独立思考、创新思维和精神激发，并为以后的工作实践打下基础。

（四）提升会计专业的核心竞争力

现代会计教育要求学生具备财务管理、审计、税务等多方面的知识和技能，但传统的会计教育模式仍然以理论知识为主，缺乏实际操作的环节。而在现实工作中，学生需要具备操作、运用软件和处理各种问题的能力。会计专业校企合作共建会计实训基地建设可以帮助学生掌握实际操作技能和相关专业知识，提高其在职场上的核心竞争力，更好地满足企业对于优秀人才的需求。

（五）推动会计专业与时俱进的发展

新时代、新要求、新挑战着眼于推动会计专业与时俱进的发展。随着科技快速发展，传统的会计工作方式已经无法适应不断变化的工作环境和需求，如何让会计专业人才获取最新的科技信息，提高学生信息素养已经成为一个重要问题。会计专业校企合作共建会计实训基地可以有效地成为连接学院和企业之间的信息渠道，将当前最新的行业趋势、技术应用等信息传达给学生，并让学生在实践中进行尝试、应用、创新，从而提高学生的信息素养和对未来的适应能力。

①韦自静. 高职会计专业校企合作项目的实施与评价[D]. 青岛：青岛大学，2017.

二、基于校企合作的大数据与会计专业数智化实训基地设计

会计专业校企合作共建会计实训基地旨在加深学院与企业之间的联系、构建实质性长期合作关系、推动行业发展的机制，如何通过大数据技术来增强这一机制的实效性则是当前亟待解决的问题。大数据技术在会计领域中广泛应用，可以加速捕捉、分析、处理、管理各种财务数据，实现会计数据处理的全面自动化，将传统以人工为主的会计处理向机器智能化方向转型。

（一）构建基于大数据的实践型课程体系

针对会计专业校企合作共建会计实训基地的特点和需求，可以构建一个基于大数据技术的实践型课程体系。课程体系应包括以下模块：①基础考试模块，对学生进行基础理论考试，筛选出符合实践要求的学生。②理论课讲授模块，通过授课，让学生熟悉理论知识，并掌握大数据和会计专业相结合的方法。③实验课模块，在实验室环境下，通过各种实验项目，让学生更加深入地了解实践操作过程。④实践任务模块，针对职业前景，实践任务模块应当注重培养学生的技术创新能力，提出具有挑战性的项目综合实践任务，促进学生在掌握相关理论之外，展现实际应用能力。

（二）建设高水平师资队伍

为了保证实践性教学的质量和效果，在大数据与会计专业数智化实训基地建设中，需要配置一支高水平的师资队伍。包括安排专家作为讲师，开设关于大数据技术、财务管理、审计学等方面的课程；建立师资培训制度，包括组织内部培训、外聘培训等形式，不断提高教师的专业素养和教学能力；鼓励教师积极参加行业知识的研究和交流，组织教师赴企业实习和交流，拓宽他们的视野，增加工作经验；奖励教师科研成果和教学改革成果，激发他们的创新动力；并开展教学经验分享会、教学指导岗位评估等活动，让教师之间互相学习和促进。这支队伍需要具有深厚的理论知识和实践经验，能够为学生提供合适的实践性指导，并结合实际情况对算法、架构以及程序进行精益调整。

在大数据与会计专业数智化实训基地建设过程中，学校需要结合师资队伍实际情况，加强师资队伍建设。在教学中注重实践中，要求教师具有较强的实践能力和实际经验，能够为学生提供更多的实际指导和帮助。同时要求

师资队伍具有一定的硕、博士背景，具备较好的科研能力。不断优化教学环境，为教师提供良好的教学环境，包括经费、设备和技术支持等方面。为教师提供更好的条件，使他们能够更加专注于教学和研究工作。建立健全的教学管理体系，规范教学流程和课程设置，完善教学考核制度。引导教师注重创新教学方法和手段，不断提高教育教学水平。

（三）共享大数据资源

基于校企合作的大数据与会计专业数智化实训基地设计是一种新型的实践教学模式。要想实现这种模式，必须有充足的数据支撑。而大数据资源恰好是充足的数据支撑之一。因此，在设计这样一种实训基地时，共享大数据资源就非常重要了。共享大数据资源所带来的优势非常明显，主要包括以下方面。

1. 提高数据的利用率

在实训基地中，采集、处理和分析真实的数据是必不可少的环节。但如果只是通过一个机构或公司自身的数据资源来实现，很可能达不到足够的数据量。借助多个企业和机构的数据资源，可以避免数据孤岛现象，充分利用各个企业和机构的数据资源，提高数据的利用率。

2. 降低数据处理和存储成本

共享大数据资源可以避免重复采集和存储数据，节省数据处理和存储的成本。另外，借助云计算等技术，可以将数据存储于云端，降低数据存储成本。

3. 提高数据使用价值

共享大数据资源可以使数据更好地应用于不同的领域和行业，提高其使用价值和影响力。通过共享不同行业的数据资源，吸收其他行业的先进技术和经验，推进数据技术的创新和发展。在设计实训基地时，可以与多家企业建立紧密的合作关系，以获取不同行业和领域的大数据资源。具体来说，可以与金融机构合作，获取银行、证券等金融类数据资源；与政府部门合作，获取社会经济数据资源；与互联网企业合作，获取网络数据资源；与工业企业合作，获取制造业等工业数据资源等。通过这些合作，搭建起集成化的数据处理平台及数据存储系统，而不是仅依赖一个单一企业或机构的数据集。这样做既可以避免数据孤岛现象，又可以提高数据利用率，实现更好的教学效果。

（四）建立开放式实践环境

开放式实践环境是指在实训基地中，为学生提供开放式的实践操作平台，让他们可以自由地尝试和创新，加深对学科知识的理解和应用。建立这样一个环境，不仅可以吸引更多的学生参与到实践中来，还可以激发他们在学科研究和技术开发方面的创新能力。在建立这样一个开放式实践环境时，应从以下几个方面进行。

1. 开放数据及资源

开放式实践环境需要有充足的数据支撑。可以将大量数据开放给学生，并提供相应的数据处理工具和分析算法。通过对开放数据的处理和分析操作，学生能够更加深入地了解行业需求，同时也能具备更好的数据实际操作能力。此外，在实训基地中，还需要提供一些开放的资源，包括一些公版的教学资料、文献、论文等，方便学生进行学习和研究。

2. 建立完善的实践场所

实践场所条件的优劣直接影响着实践操作效果的好坏，因此需要在实训基地中，建立完善的实践场所设施，以实现实践任务的完成和学生的互动交流。可以通过提供实验室、模拟机房、多媒体教室、云计算服务器等设施，来满足学生实践操作的需要。另外，还可以通过举办多种形式的学术交流会、研讨会、聚会、话题研讨等活动，促进学生之间的互动交流，提高实践操作水平。

3. 建立自由创新的机制

建立开放式实践环境需要注重学生的创新能力和发展潜力。可以通过一系列的激励措施，来推动学生的自由创新。例如，组织比赛、设置奖项等，以鼓励和培养学生的创造力和竞争意识。这也是在教学中培养优秀学生和技能人才的重要途径。

（五）加大企业投入

校企合作共建会计实训基地需要企业的积极投入，这不仅是为了提供必要的资源，更是为了使企业更好地掌握和了解高质量的人才流动和技术创新。企业可以通过资金、场地等物质资源支持实训基地的建设，同时也可以派遣企业内部专家向学生介绍相关的技术知识和实践经验，指导学生完成实际案例和项目。通过这种方式，企业可以培养具备实际工作经验和实践操作能力的人才，并有效地稳定团队，提升管理效率和竞争力。此外，在建设会计实训基地中，只有企业能够提供最新的市场信息和行业发展趋势，才能使学生更好地适应未来工作要求。同时，企业也能得到实践经验丰富、专业水平高的优秀人才，实现共赢局面。基于校企合作的大数据与会计专业数智化实训基地设计，需要大量的投资和资源支持。因此，必须加大企业投入。实际上，对于企业来说，参与这样一种校企合作的项目也是非常有帮助的。企业可以从实训基地的学生中招聘实习生和技术人才。在这个过程中，企业可以直接获得一些人才的信息资料，对实习生进行培训和考核，同时也能够为实训基地的学生提供实践机会与就业指导。企业可以为实训基地提供技术支持和服务，包括硬件设备、软件技术、安全防护等方面的支持。通过与企业合作，实训基地可以在技术上得到更好的服务和保障。参与实训基地建设，对于企业本身也是一种宣传和品牌营销的方式。通过实际操作和学术研究的结合，可以为企业提供更多的技术优势和行业经验，在市场中提高企业的声誉和知名度。

第四节　大数据时代技能竞赛育训模式的应用

为贯彻落实《国务院关于加快发展现代职业教育的决定》，教育部2022年工作要点强调，要推进“岗课赛证创”综合育人。“岗课赛证创”是一种将岗位实践、课程学习、证书考试、竞赛实践和创新创业相结合的人才培养模式。这种模式将理论与实践相结合，能够培养学生的创新思维和团队合作能力，增强学习兴趣，增强学生的就业竞争力和创新创业意识。

一、高等院校大数据与会计专业“岗课赛证创”育训模式融合的意义

在高等院校大数据与会计专业中，实现“岗课赛证创”融合路径是培养具有实践能力和创新精神的高级人才的重要途径。通过岗位实践、课程学习、证书考试、竞赛实践和创新创业活动的有机结合，可以提高学生的综合素质和就业竞争力，使其更好地适应未来职业发展的需求。

（一）岗位实践是实现“岗课赛证创”融合路径的重要基础

通过与企业的合作，可以让学生深入了解真实的工作环境和需求，熟悉岗位技能和职责，提高学生的实际操作能力；可以提供学生将所学理论知识与实际操作相结合的机会，加深对专业知识的理解和掌握；可以让学生积累实际工作经验，了解行业发展的最新趋势和前沿技术，提高职业素养和竞争力；可以为学生提供创新创业的机会和平台，让学生在实际工作中探索和尝试，提高其创新创业的能力和意识。

（二）课程学习是实现“岗课赛证创”融合的核心

学校可以通过优化课程设置，将证书考试内容、技能竞赛项目和实践创新活动融入课程中，让学生在课程学习中掌握知识和技能。同时，学校可以引入先进的教学方法和手段，提高学生的参与度和学习效果。

（三）证书考试是检验和考核学生学习成果和就业竞争力的重要方式之一

学校可以鼓励学生参加相关证书考试，并提供相应的支持和辅导，帮助学生取得优异成绩。证书考试可以证明学生具备了一定的专业知识和技能，有助于提高其就业竞争力，增加其职业发展机会。①

（四）技能竞赛可以激发学生的学习兴趣和竞争意识，提高创新能力和团队协作能力

学校可以组织学生参加各种技能竞赛，如数据分析竞赛、会计技能竞赛等，让学生在竞赛中锻炼能力和展示自我，同时也促进了学生的团队合作和沟通能力的培养。通过技能竞赛，学生可以在竞争中学习，不断挑战自我，提高自己的技能水平，为未来的职业发展打下坚实的基础。

（五）创新创业活动是培养学生创新意识和创业能力的重要途径

学校可以通过鼓励学生参加科技创新、产品研发、创业实践等项目，让学生在实践中锻炼能力和积累经验。同时，学校可以提供相关的支持和帮助，如资金支持、技术指导等，帮助学生实现创新创业的梦想。

综上所述，“岗课赛证创”融合路径是高职大数据与会计专业人才培养的重要模式。通过岗位实践、课程学习、证书考试、技能竞赛和创新创业活

①谭玲．论“以赛促学”教学模式下高职院校会计专业竞赛体系的构建[J]．经济师，2022（7）：190-191.

动的有机结合，可以提高学生的综合素质和就业竞争力，为其未来职业发展奠定坚实的基础。同时，学校与企业合作、优化课程设置、引入先进的教学手段等方式，可提高学生的实际操作能力、创新能力、团队协作能力和人才培养效果，为社会培养更多具有创新能力和实践能力的高素质技术技能人才。

二、高等院校大数据与会计专业“岗课赛证创”育训模式融合现状

当前高等院校大数据与会计专业“岗课赛证创”融合还存在一些问题，需要学校在课程设置、教学方法等方面进行改进和提升，以实现人才培养的目标。

（一）岗位需求与课程内容的匹配程度

当前，高等院校大数据与会计专业的岗位需求主要集中在数据分析、数据挖掘、会计信息系统等方面。然而，一些学校的课程内容仍然以传统的理论知识为主，缺乏与实际岗位需求相匹配的实践课程。这导致学生无法适应企业的实际工作需求，需要通过额外的学习和培训来提升自己的技能。

（二）证书考试与课程学习的结合程度

证书考试是衡量学生能力和水平的重要方式之一，也是学生毕业后求职的重要砝码。然而，一些学校在课程设置上没有充分考虑到证书考试的需求，导致学生需要花费额外的时间和精力去准备证书考试。这不仅增加了学生的学习负担，也影响了学生的就业竞争力。

（三）实践教学与理论教学的比例

大数据与会计专业注重实践训练，要求学生具备扎实的实践能力，能够解决实际问题和提高工作效率。然而，少部分学校在课程设置上过于注重理论知识的传授，而忽略了实践教学的比例。这导致学生的实践能力不足，无法胜任实际工作要求。

（四）专业教育融入创新创业元素程度

专业教育的重要性在于培养学生的专业知识和技能，而创新创业教育则能激发学生的创新精神和创业意识，两者的融合能够帮助学生更好地应对未来的职业发展和社会挑战。但是，一些学校在专业教育中没有充分考虑到创

新创业教育的需求，导致学生的创新创业能力不足。这需要学校在课程设置和教学方法上进行改革，将创新创业教育融入专业教育中。

三、高等院校大数据与会计专业“岗课赛证创”育训模式融合内涵

高等院校大数据与会计专业的“岗课赛证创”融合，是职业教育人才培养的改革创新模式，是将职业技能大赛、技能证书、创新创业和岗位工作过程深度融入专业课程体系，实现课程内容与职业标准、教学过程与生产过程、专业与产业相对接，将“五聚”贯穿于融合过程，即聚焦校企协同育人，聚力专业与产业对接，聚能课程建设，聚神教学与实践结合，聚心显性和隐性教育相统一，从而培养出适应现代产业发展需求的高素质技术技能人才。这种融合旨在将岗位技能、比赛经验、证书要求和创新思维融入课程学习中，使学生具备更强的实践能力和创新精神。

（一）“岗”指的是职业岗位

必须深入研究会计工作岗位的人才需求，确定其主要任务和所需的能力和要求。在此基础上，确定会计专业的学习领域和教学内容。在进行课程设置时，高等院校应融入职业素养、职业道德和职业能力等内容，以确保学生的综合素养得到全面提升。

（二）“课”是指专业技术课程

专业技术课程在学生掌握专业知识的过程中起着重要作用。同时，它也是构建“岗课赛证创”融通大数据与会计专业人才培养模式的关键环节。其中，“课岗”指的是岗位职业能力与课程设置的相互对应，“课证”指的是职业职称证书教育的内容与课程设置相互对应，“课赛”则指的是专业技能竞赛的内容与专业课程设置之间的相互对应，“课创”指的是将创新创业教育与大数据与会计专业课程的教学有效衔接。

（三）“赛”指的是专业技能竞赛

职业技能大赛是检验职业院校教育教学质量的“试金石”，将竞赛因素融入大数据与会计专业课程，不仅可以促进学生的学习和实践，还可以帮助他们提升业务处理能力、团队合作能力以及分析和解决问题的能力。

（四）“证”指的是职业职称证书

它不仅是对会计专业人员专业能力的评估，也是会计专业学生必须取得的证书。取得该证书是保证高等院校大数据与会计专业学生顺利就业和提升自我的重要条件。因此，高等院校应采取相关措施来调动学生考取职称证书的积极性，以确保学生的通过率。

（五）“创”指的是创新创业

创新创业教育的内容应围绕大数据与会计专业课程教学内容展开。创新创业教育包括创新创业精神培养、创新创业知识与技能训练、创新创业实践活动三部分，在大数据与会计专业课程教学中考虑到创新创业教育需求，创新创业教育和大数据与会计专业课程的教学有效衔接将极大推动创新创业教育发展，有助于大学生形成创新思维，提高创业能力，增强综合素质，为未来的职业发展打下坚实的基础。创新创业教育对大学生参与社会竞争具有很强的现实意义。

四、高等院校大数据与会计专业“岗课赛证创”育训模式融合路径

（一）以岗位需求为导向，优化课程设置

1. 调研市场需求

学校可以通过市场调研、企业走访等方式，了解大数据与会计专业相关岗位的需求和趋势。根据调研结果，分析岗位所需的知识、技能和素质要求，为课程设置提供依据。

2. 制订人才培养计划

根据岗位需求，制订人才培养计划，明确培养目标、课程设置、实践教学等方面的具体要求。在培养计划中，要注重课程与岗位需求的匹配，确保学生能够掌握适应实际工作需要的技能和知识。

3. 调整课程结构

根据人才培养计划，调整课程结构，以确保课程设置与岗位需求相符。在课程中增加数据分析、数据挖掘等大数据相关内容，同时针对会计工作的需求，开设业财一体信息系统应用、财务大数据分析与应用等课程，实现岗位需求与课程内容的紧密融合。

4. 整合教学资源

学校可以整合校内外教学资源，包括师资力量、实践教学基地等，为学生提供更好的学习条件。同时，可以与企业合作，共同开发教材和教学资源，提高教学质量。

5. 定期评估与调整

学校应定期对课程设置进行评估，了解学生的学习情况和教学效果。根据评估结果，及时调整课程设置和教学方法，以确保人才培养质量。

（二）构建模块化课程，创新专业人才培养

1. 模块化设计课程

将课程体系按照不同的知识点和技能要求进行模块化设计，每个模块对应一个具体的岗位需求或一个能力方向。这样可以将课程与实际工作需求紧密结合，同时可以根据学生的兴趣和能力，选择合适的模块进行深入学习。

2. 优化课程结构

将传统的以知识传授为主线的课程体系，转变为以能力培养为主线的课程体系。在模块化课程中，每个模块都涵盖理论知识和实践技能，强调学生实践操作和问题解决能力的训练。

3. 增加选修课程

在模块化课程中，可以增加选修课程，让学生根据自己的兴趣和职业规划选择相应的模块进行学习。这样可拓宽学生的知识面，培养学生个性化发展，提高学习积极性和职业竞争力，对大学生的学习和未来职业发展具有积极的影响。

4. 重视实践教学

在模块化课程中，应当重视实践教学的地位，适当增加实践课程教学的比例。这样学生能够更好地理解和掌握知识点和技能，培养解决实际问题的能力，从而提高学习效果和职业竞争力。

5. 建立课程模块库

学校可以建立课程模块库，将各个模块的课程内容、教学大纲、实践项目等教学资源进行整理和归档。这样可以方便教师进行教学管理和学生自主选择学习内容，提高教学质量和学习效果。

6. 定期评估与调整

学校应定期对模块化课程进行评估，了解学生的学习情况和教学效果。根据评估结果，及时调整课程设置和教学方法，以确保人才培养质量。

（三）加强师资队伍建设，提高教学质量

1. 招聘和培养“双师型”教师

学校可以招聘具有大数据和会计相关工作经验的教师，也可以通过培训和进修等方式，培养现有教师具备双师素质。“双师型”教师可以更好地将理论与实践相结合，提高教学质量。

2. 建立教师实践基地

基于企业实践基地，可以开发更具针对性和实用性的课程，更新教学内容，提高教学质量；教师通过实践基地的实践，能够更好地掌握行业动态和技术要求，提高自身素质和教学水平，更好地服务学生；通过实践基地，学生可以获得更多的实践机会，将理论知识应用于实际操作，培养实践能力和综合素质；实践基地可以为企业提供人才选拔的渠道，学生可以在实践中表现自己的能力，增加就业和创业机会。

3. 加强团队合作与支持

学校可以组织教师团队合作，共同制订教学计划、设计课程和实践项目。通过团队合作，教师可以相互支持和协作，提高教学质量和学习效果。

4. 注重教师职业道德培养

在师资队伍建设中，要注重教师的职业道德培养。教师应当具备敬业精神、责任意识和服务意识，关心学生成长和发展，为学生提供优质的教育服务。

（四）校企合作，共同培养人才

1. 共同制订人才培养计划

学校可以与企业合作，共同制订人才培养计划和设置课程。企业可以帮助学校优化课程设置，增加实践性和应用性的内容，以提高课程的实用性和针对性。

2. 共建实践教学基地

共建实践教学基地有助于提高学校教学质量、培养学生实践能力和综合素质，促进产教融合和就业创业，这也是实现学校和企业共同发展的有效途径。

3. 共同开发课程和教材

学校可以与企业合作，共同开发课程和教材，将行业标准和实际工作需求融入课程中。企业可以提供实际案例、工作经验和行业前沿技术，帮助学校更新课程内容，提高教学质量。

4. 共同实施教学

学校可以与企业合作，共同实施教学，将理论与实践相结合。企业可以派遣专业人员到学校进行授课和指导，同时也可以接受学校教师的参观和培训。

5. 共同进行评价和反馈

学校可以与企业合作，共同进行评价和反馈，了解学生的学习情况和能力表现。企业可以提供实践项目的评价标准和方法，帮助学校制订更符合实际工作需求的评价机制。

6. 共同推广创新创业项目

学校可以与企业合作，共同推广创新创业项目，鼓励学生参与其中。共同推广创新创业项目有助于资源共享、加快项目进展、提高项目成功率、促进产学研合作，同时也可以培养创新型人才，实现学校和企业的共同发展。

（五）引入先进的教学方法和手段

1. 案例教学

案例教学是一种通过分析实际案例来学习知识和技能的教学方法。案例教学可以帮助学生更好地理解和掌握所学知识和技能，尤其在大数据与会计专业中，真实案例的引入可以让学生更加深入地了解实际工作中所面临的问题和挑战，培养其实际操作能力和解决问题的能力，为其未来的职业发展打下坚实的基础。

2. 项目教学

项目教学是一种实际应用知识技能的教学方法，通过完成实际项目来实现。在专业教学中，可安排学生参与数据挖掘、数据分析等实际项目，让学生在实际操作中掌握技能，培养团队协作和实际操作能力。

3. 讨论式教学

讨论式教学是一种合作学习的有效形式，通过学生之间的交流与分享，可以促进知识的交互和传播，让学生在讨论中深入思考、拓展思维，提高解决问题的能力和沟通协作能力。在大数据与会计专业中，安排学生进行小组讨论，不仅可以促进学生对知识的理解和应用，还可以培养其交流能力、创新能力和团队合作能力，为其未来的职业发展提供有力的支持。

4. 虚拟实验室

虚拟实验室是一种通过模拟实际工作场景和实验条件来进行教学的方法。在大数据与会计专业中，可以引入虚拟实验室，让学生通过模拟实验来学习和掌握知识技能，提高学生的学习效果和参与度。

5. 在线学习平台

在线学习平台是一种通过在线课程、学习资源、互动交流等方式进行学习的教学方法。在大数据与会计专业中，可以引入在线学习平台，让学生通过在线课程、在线讨论等方式进行自主学习，提高学生的学习效果和参与度。

（六）加强实践教学，提升学生实践能力

1. 增加实践课程

在大数据与会计专业中，可以增加实践课程，让学生在实践操作中掌握知识和技能。实践课程可以包括数据分析、数据挖掘、会计信息系统等，让学生通过实际操作，培养解决实际问题的能力。

2. 引入实践项目

在课程中可以引入实践项目，让学生在实践中亲自动手，更好地掌握相关知识和技能。实践项目应当与业界实际需求相接轨，紧密结合实际工作需要。让学生了解实际工作场景和要求，培养实际操作能力。

3. 建立实验室和实验基地

学校可以建立实验室和实验基地，为学生提供实践教学的场所和设备。实验室和实验基地可以包括大数据分析实验室、会计信息系统实验室等，让学生在实际操作中掌握知识和技能。

4. 开展实习和实训

学校可以与企业合作，开展实习和实训活动，让学生在实际工作中锻炼实践能力。实习和实训可以包括数据分析实习、会计实习等，让学生在实际工作中掌握技能和能力。

5. 组织竞赛和活动

学校可以组织各种竞赛活动，让学生在竞争中提升实践能力。例如数据分析竞赛、会计技能竞赛等，让学生在竞争中提升实践能力。

6. 加强教师指导和辅导

在实践教学中，加强教师的指导和辅导，帮助学生解决实际问题，提高学生的实践能力。教师可以通过定期指导和辅导、学生作品评价等方式，提供有效的指导和帮助。

（七）证书考试与课程学习相结合

1. 整合证书考试内容

将证书考试的内容与课程学习相结合，让学生在课程学习中逐步掌握证书考试所需的知识和技能。可以将证书考试的内容分解为多个模块，然后将每个模块与相应的课程内容进行整合，使学生能够更好地应对证书考试。

2. 提供考前辅导

学校可以提供考前辅导，帮助学生准备证书考试。考前辅导可以包括考试技巧、考试重点、考试难点等方面的指导，让学生更好地应对证书考试。

3. 鼓励学生参加证书考试

学校鼓励学生参加各种大数据与会计证书考试，可以提高学生职业竞争力、增强自信心、促进学习动力、了解自己的优势和不足、增加职业发展机会，此外学校还可以为学生提供相关的支持和帮助，例如提供考试信息、为学生报名等。

4. 增加证书考试选修课程

学校可以增加证书考试选修课程，让学生根据自己的兴趣和职业规划选择相应的课程进行学习。这些选修课程可以包括证书考试的准备课程、考试技巧课程等，让学生更好地应对证书考试。

5. 建立证书考试奖励机制

学校可以建立证书考试奖励机制，对在证书考试中取得优异成绩的学生进行表彰和奖励。这样可以激励学生更加努力地学习和备考，提高其学习动力和就业竞争力。

第五章　大数据时代会计专业实践教学创新

第一节　产教融合背景下高职会计专业实践教学拓展和创新

会计专业是一个实践性较强的专业，同时又是一个工作保密性极高的专业，实践教学体系改革一直以来都是高职会计专业发展的瓶颈之一。在大数据技术、人工智能的背景下，在企业财务工作不断转型升级的今天，我们应该深入贯彻《国务院关于加快发展现代职业教育的决定》等文件的精神，深化产教融合，进行实践教学改革，探索构建高职会计专业实践教学体系，以进一步加强专业内涵建设，提高专业核心竞争力。

一、产教融合背景下高职会计专业实践教学体系的构建思路

（一）精准定位高职会计专业学生应具备的素质、知识与能力目标

坚持每年进行一次全面的专业调研，调研对象包括行业企业、兄弟院校、会计行业专家、“1+X”证书牵头单位、职教专家等，结合“互联网+”“大数据”“云计算”等行业发展背景与本校办学定位，精准定位高职会计专业人才培养目标，明确人才培养的规格与岗位能力要求，确保人才培养目标的先进性与科学性。①

（二）明确会计专业实践教学体系的构建思路

深化产教融合与校企合作，以立德树人为根本任务，以学生职业能力培养为目的，将实践教学内容与岗位工作要求、职业资格证书考试内容以及技能大赛知识点有机融合，将校内模拟实训与校外岗位实践有机融入人才培养的全过程，提高学生的核心职业能力、创新创业能力与综合职业素养。

①张海艳．产教融合背景下大数据与会计专业实践教学研究[J]．天津职业院校联合学报，2024，26（8）：33-37.

（三）构建“能力递进，双创贯穿”的实践教学体系

1. 按照学生岗位认知规律与职业成长规律，合理划分实践教学的阶段，进行学生的能力递进培养

根据学生职业成长规律，将实践教学划分为四个阶段，分别为第一学期、第二至四学期、第五学期、第六学期。明确不同阶段的实训环节，校内实训包括职业通用能力实训、专业核心能力实训与专业综合能力实训，校外实训包括专业认知实习、跟岗实习与顶岗实习。通过四个阶段的实践教学，培养学生的账务处理能力、成本核算能力、筹资融资能力以及报表审计能力，实现学生由基础—核心—综合的能力递进培养。

2. 将创新创业教育融入实践教学的全过程，实现“双创”能力的全程贯穿

将创新创业教育与实践教学有机结合，通过开放校内实训室、校企共建校外实训基地、邀请行业企业专家进校园等方式，为学生提供职场体验、企业实训、科技创新、成果孵化等实践活动，培养学生的创新意识和创业精神，提高学生的创新创业能力。

（四）加强实践教学的方式、方法改革

将理实一体化教学、校内模拟实训、校外见习、专业技能竞赛、企业顶岗实习等实践教学方式有机融合起来，注重学生知识学习与技能训练的结合，让学生在职业训练中学习，在学习中进行职业训练，激发学生的学习动力，提高学生的核心职业能力。

（五）推进实践教学平台建设

将课堂、校内外实训基地、社团、企业工作岗位四个平台有机结合，打造多样化实践教学平台，各平台之间做到分工合理，相互促进。加强教学平台质量建设，整合优质的实践教学资源，实现教学平台建设由规模管理向质量管理的转变。

（六）加强实践教学运行机制建设

实践教学的正常运行离不开健全的机制体制保障。应该大力加强会计专业实践教学运行机制建设，如加强实训室管理制度建设、推进校企合作制度建设、完善教师考核评价制度、完善实践教学考核评价体系等，以不断推进校企紧密合作，加强“双师型”教师队伍建设，为培养创新型、发展型、复

合型会计专业人才提供保障。

二、产教融合背景下的财务共享课程的教学实施拓展

在大数据时代，财务共享模式作为现代企业智慧财务的切入点，推进了企业“业财一体化”的进程，推动了企业对于云计算、大数据的运用。财务共享模式将原本分散在不同地区、不同实体中的会计业务集中在财务共享中心进行处理，保证了业务处理的规范性，节约了成本，同时加强了集团的管控。财务共享中心的建立和实施有利于企业财务管理的转型升级，实现企业价值增值。同时，大数据、云计算和财务转型对财务人员提出了更高的要求。职业院校作为人才培养的基地、创新实践的载体，如何有效实现社会发展需要与人才培养的对接，推进人才培养模式改革与转型，培养适应时代发展需要的会计人才，具有重要的现实和战略意义。

财务共享中心对人才的需求是全方位的，需要的不仅是擅长基础核算、从事简单重复性劳动的财务人员。财务共享中心在建设、运营的不同阶段对人才的需求有所不同，而且人才在财务共享中心的建设、运营中也起着关键作用。所以在职业院校的人才培养方案中，应结合财务共享模式对人才的需求特点，构建、优化财务共享课程体系，完善财务共享理论及实践课程，确定课程的目标、授课模式以及考核评价方法，培养新时代全面型财务共享人才。

（一）财务转型对会计人才的新要求

1. 由核算型转向管理型

随着智能化与财务共享模式的密切融合，大量重复的、规律性强的、容易标准化的会计业务将由计算机完成，而且随着流程的不断优化、标准化，越来越多的业务将纳入财务共享中心自动完成，企业所需的核算型人员将大幅减少，财务人员将更多地参与到企业的财务管理、成本控制、经营预测等其他方面，财务人员的职能正面临着由传统核算型向管理型转变。在培养会计人才方面也面临着转型，应调整相应课程的结构体系，培养社会需要的管理型会计人才。

2. 大数据的应用

由于财务转型、大数据技术的全面推动，财务人员将面临海量数据，包

括结构化数据和大量非结构化数据，财务人员需要对海量数据进行分析和处理，以辅助决策。在此背景下，一方面要求财务人员具备实时的数据处理分析能力，能够在最短的时间内通过行业大数据了解市场的变化，提升决策的反应速度。另一方面需要财务人员掌握更为先进的技术以及应用大数据处理工具，帮助企业在最短的时间内从瞬息万变的市场中搜集更多信息，为大数据处理创造条件，争取时间。财务共享中心逐渐成为这些数据产生、处理和加工的中心。

3. 要求具备一定的外语水平

财务共享模式的出现源于企业规模的扩大，特别是跨国集团的出现，集团财务共享中心可以同时处理不同国家子公司的经济业务，因此外语对于财务人员来说是一项必备技能。特别是随着财务共享中心的发展，出现了全球共享服务中心（GBS），承接来自国内外的外包业务，对财务人员的外语水平提出了更高要求。

（二）财务共享课程的模式和内容

财务共享课程的开设方式有两种，一种是将财务共享课程嵌入原有的相关课程中，如在财务管理、高级财务管理、财务会计、会计信息系统、会计信息系统实验等相关课程中补充和财务共享有关的内容及重要的知识点，对原有相关课程的内容进行补充完善；另一种是单独设置相关课程，如“财务共享中心理论与实践”“财务共享软件操作”“财务共享中心建设沙盘模拟实验”“财务共享中心仿真模拟实验”等。当然，无论采用哪种模式，都应该包括以下内容：财务共享相关理论和案例分析、财务共享软件操作、财务共享中心建设沙盘模拟实验以及财务共享中心仿真模拟实验。

1. 财务共享中心理论与实践

学习财务共享理论知识的目的主要是让学生了解财务共享中心的理念和价值，理解财务共享中心的组织和流程设置，学习内容主要包括：财务共享服务的相关概念、财务共享中心的发展历程和未来发展方向、财务共享中心建设的可行性分析、财务共享中心的建设与实施路径，包括业务范围的确定、选址、业务流程的确定、信息化平台的建设等，还包括财务共享中心的运营管理、人力资源管理、质量管理、安全管理、绩效管理等方面。在学习这部分内容时可以针对实际中的典型案例进行分析，探讨在建设和运营财务共享中心的过程中存在的问题和应对措施，为后面的学习内容做铺垫。

2. 财务共享软件操作

学习这部分知识的目的是通过学习真实的财务共享业务案例、财务共享软件系统以及影像系统，使学生掌握财务共享软件中的专业化分工协作，以及标准化、流程化和集中化的业务处理及影像系统的运用。软件操作的主要内容包括影像扫描上传、多组织单据批量审核、多组织凭证批量处理、个人任务处理效率查询等业务。通过学习，使学生掌握影像系统、企业费用共享模块、应收共享模块、应付共享模块、出纳共享模块、资产共享模块、核算共享模块、报表共享模块等功能操作。

在学习软件操作的过程中，可以采用通岗模式，即不分工，一个人完成所有的岗位操作，全面掌握所有岗位的操作内容；也可以采用分岗模式，即在不同的岗位上设置不同的学生，这种模式更接近实际，业务流程也更加清晰，只是每个人接触到的岗位操作内容有限；还可以采用轮岗模式，首先将学生分成小组，每组的不同岗位由不同的人来操作，在操作一段时间后，再进行岗位轮换，使学生既掌握了不同岗位的操作方法，也清楚了分工和业务流程。

此外，在开设该课程时需要选择适宜的财务共享软件，市面上已有的软件包括金蝶、浪潮等。金蝶EAS集成了财务共享中心各模块，开发了专门针对学生实验的财务共享实践操作平台，可以对学生的操作全过程进行监控并考核；浪潮GS财务共享软件集成了运营支撑平台、网上报账平台、业务操作平台、运营管理平台、资金结算平台，实现了与财务核算等系统的集成。

3. 财务共享中心建设沙盘模拟实验

这部分内容的学习目标是通过分组、角色扮演、沙盘推演等实际场景，让学生在沙盘中完成财务共享中心的构建过程，用实践来检验前面所学的理论知识，真正做到“理论与实践相结合”。学生应掌握如何根据企业的实际情况构建财务共享中心。课程的内容主要包括介绍沙盘工具的使用和人员的分工、小组成员结合案例共同讨论确定案例公司财务共享中心的建设方案，包括建设的整体规划、建设目标的确定、建设的策略（包括选址、组织结构的确定等），各小组通过沙盘上的内容，完成建设方案的设计，并分组进行展示和报告。通过建设沙盘模拟实验，可以调动学生的学习积极性和主动性，培养学生主动思考分析问题的能力、团队协作意识和沟通能力。浪潮公司针对此内容，开发设计了专门的沙盘工具及案例背景。

4. 财务共享中心仿真模拟实验

仿真模拟实验的教学目标是通过虚拟仿真的实验环境，有效提高学生的职业能力，加深学生对职业的认知。职业院校可以按照实际的财务共享中心来搭建虚拟仿真环境，根据分配的角色设置及对应的案例设计，学生分岗位、分角色在仿真的虚拟环境中学习财务共享中心的业务操作流程，培养实际的业务处理能力，更加积极主动地去了解和学习财务共享中心的业务处理流程、工作内容方式、影像设备、档案管理的具体应用。

（三）财务共享课程教学的支撑体系

1. 教学模式多样化

财务共享课程属于实践性较强的课程，教学中可以混合运用多种教学模式，充分利用互联网平台，既可以采用小规模限制性在线课程（SPOC）、翻转课堂，也可以使用问题导向式教学模式（PBL）、任务驱动教学模式等多种教学模式。通过SPOC，教师可以在线上发布丰富的课程资源，如课件、视频以及在线测试题，使学生明确课程的目标、内容和重难点，学生可以将在学习过程中遇到的不懂的问题通过在线答疑的方式获取教师的帮助，线下的见面课主要是解决线上未能完全解决的问题，对于集中的共性问题可以开展讨论，在此过程中，教师扮演着引导者、组织者的角色。对于财务共享案例分析可以采用翻转课堂的模式，课前将案例资料发布给学生，布置学生分组进行课下资料的收集和讨论，课上分享案例分析的结果，针对不懂的问题由教师进行解答，最后进行总结。对于财务共享软件的操作，PBL是一种比较好的模式。财务共享中心的一项主要任务就是集中对共享池中的业务单据进行审核，教师可以将实务中容易出错的问题设计到案例中，要求学生分组自主地找到解决办法，实现提高学生在实践操作中发现问题、解决问题的能力。另外，任务驱动模式也可应用于财务共享软件的学习，可以将学习内容划分为出纳共享、费用共享、应收应付共享等不同的任务单元。每项任务即是一个模块，每个模块都有明确的学习内容和目标。在教师的帮助下，每次实验都围绕着一项或多项具体任务展开，在问题的驱动下，学生会积极主动地运用各种资源进行自主学习和相互协作，完成既定的学习任务。

2. 运用多维考核体系

有效的课程评价体系能够指引教学，如实反映学生的学习情况，也能激励学生的学习。财务共享课程既包括理论案例的学习，也有实验操作，对不同内容的考核标准是不同的，不能仅以一份试卷、一张实验报告作为课程评价的标准，应构建多维度的科学评价体系。

对理论部分的学习，主要考核学生对基本理论的理解程度，可以采用卷面考核的方法，也可以利用教学软件和平台，课上课下向学生推送教学资料和试题，通过学生的答题情况和在线学习进度对学生的学习情况进行评价。对案例部分的学习，主要考核学生分析问题、解决问题的能力，可以在卷面上增加案例分析的题目，或者布置小论文。在平时的教学过程中可以穿插案例进行小组分析，小组之间的协作、案例讨论的结论都可以作为评价的依据。

对建设沙盘的考核主要来源于最终的实验结果数据、实验报告及展示报告，同时小组内部成员之间可以针对任务的相互协作、专业判断、对小组的贡献等方面进行互评，并结合以上结果给出最终评价。软件操作主要考核学生对业务流程及软件操作的掌握程度，一般的实验软件都具备直接对学生的操作过程进行评价的功能，如在金蝶财务共享中心实验平台上，整个实验被分成多个不同的任务，每项任务对应一些操作和一些单据的形成，学生用分配的账号进行操作后提交单据，后台可以将学生提交的单据和标准答案的关键字段进行比对，实时检验学生对软件的掌握情况，可以针对整个实验过程进行监控，督促学生掌握整个软件的操作流程，同时激发学生的学习兴趣和主动性。对于综合的仿真模拟实验，考核的依据主要来源于平时表现、小组成员之间的配合、灵活运用理论知识的情况，最终对平时表现、实验结果及实验报告进行评价。

3. 构建校企联合培养方式

为了更有方向性地适应企业对财务共享人才的需求，校企联合培养是一种有效途径。一方面，在校企合作的基础上，加强与相关院校、企业、科研机构的合作，推进财务共享中心实践平台的开发，形成长期有效的人才培养保障机制，鼓励青年教师带领学生参与企业实践项目，提升教师的实践能力。另一方面，通过校企合作建设财务共享中心实验基地，在指导教师的带领下，学生可以直接面对财务共享中心的真实情境，操作真实的业务，既提高了学生学习的主动性，也提升了学生的动手能力。另外校企共建的共享服务中心可以承接外包业务，例如代理记账、会计咨询等，既充分利用了资源，丰富了教学内容，激发了教学活力，也提升了社会服务价值。

4. 结合会计证书内容教学

传统的会计证书有CPA、ACCA等会计资格认证，在大数据时代，伴随着财务转型，管理会计类的资格认证如CMA、CIMA等也越来越受到财会人员的重视。财务共享中心的出现，不仅推动了财务理论和实务的变革，也促进了原有认证体系内容的更新。ACCA与中兴财务云在上海宣布联合推出首个全球共享服务（GBS）证书中文版，推动了财务共享中心的发展，给转型期财务共享人才的培养指明了方向。GBS中文版对应的课程内容包括全球共享服务简介、流程设计测量与管控、基础绩效、优化绩效以及全球共享服务财务流程介绍，为财务共享课程的设置提供了更加宽广的思路。在授课过程中教师可以结合GBS的内容，培养适应国际化需求的财务共享人才，加快全球共享服务的进程。

5. 师资体系构建

财务共享是一门新的课程，实践性较强，应由专业带头人、骨干教师及企业技术人员共同构成专业课程团队，有效提高教学质量，实现课程教学目标。对于师资来源，一方面可以对现有教师进行财务共享相关课程培训，或者通过挂职、科研课题等方式，直接派遣教师到财务共享中心实践，丰富教师的实践经验，提升教师的实践水平，为“双师型”教师队伍建设提供保障。另一方面，可以通过校企合作，聘请有实践经验的财务共享中心技术人员作为外聘教师，通过专题讲座、实践教学，使学生及时了解行业发展现状，接触到更真实的财务共享实践。当然，也可以邀请实践经验丰富的财务共享中心管理人员、技术人员参与到课程的建设和改革、人才培养方案的修订及教材的编写中来。另外职业院校应不断完善薪酬制度、职称评审制度，吸引人才、留住人才、激励人才。

随着云计算、大数据、移动互联网技术的不断发展，财务共享中心将朝着智能化、一体化、国际化的方向发展。当前财务转型的背景对财务人员提出了新的要求，职业院校应紧跟时代的发展，构建财务共享课程体系，运用适当的教学模式，结合建设沙盘和软件操作实验课程，校企联合建立实践基地，培养适用于新型财务共享中心建设及运用的会计人才。同时，会计认证体系和会计证书的新内容，也应该融合和发展到新的课程体系中去，为数字经济时代培养具有财务共享理论与实践知识体系的人才奠定基础。

三、职业院校会计专业教学与创新创业融合机制创新

职业院校要将创新创业教育融于会计专业教育中，必须全面规划。建立一支具有开拓意识的教学团队，搭建创新创业平台，系统改革人才培养方案、教学方法、教学内容，提高学生的职业能力和创新创业技能。

（一）在专业教育中融入创新创业教育的内容

高职会计专业学生创新创业能力的培养，仅靠几门创新创业课程，组织几次创新创业实践活动，是远远不够的。应该将创新创业教育融入并贯穿于专业教育的各个阶段。这不仅需要学校各部门的联合行动，还需要社会大环境的支持。

1. 专业课程体系中开设创新创业课程

单独开设的创新创业课程要列入专业课程体系，写入人才培养方案。比如有的职业学校会计专业开设的创新创业课程主要有《职业形象塑造与创新意识培养》《职业生涯规划与就业创业指导》《创业项目策划》《创业案例讲座》《现代礼仪》《创业实践》等。通过设立创新创业课程、举办创新创业讲座、创业学生代表回校访谈等系列活动，实现完整创业教学。教学中及时向学生传达国家的创业帮扶政策，让学生了解国家的创业环境，为创业实践奠定基础。

2. 专业课程中融入创新创业内容

单独开设几门创新创业课程远远不够，必须在课程设置中结合会计专业本身特点，在专业课程教学中融入创新创业内容，穿插创新创业知识，从而有效地在日常教学中逐步培养、提升学生的创新创业能力。如在《中华人民共和国经济法》中涉及创业企业注册的案例；在《中华人民共和国税法》《纳税核算与申报》中讲解创业企业办理税务登记、进行纳税申报等流程和技能；在《企业财务管理》中讲授融资渠道与技巧、投资方向与策略等；在《成本核算与分析》中加入降低成本途径的探讨等内容；在《企业财务报告

编制与分析》中融入通过报表分析企业的债务偿还能力、营运周转、盈利能力等实际训练，让学生会分析财务报告；通过《ERP沙盘模拟实训》这门课程来了解市场，懂得营销方式，学习企业物流管理和经营之道。通过专业课程的学习，不断融入和渗透创业所需能力，让学生增强创业的本领。

3. 改革课程教学方法与考核方式

积极推进以就业创业为导向、以学生为主体、以能力为目标的真正具有职业教育特色的课程改革。以真实工作任务为载体组织教学内容，在真实工作情境中采用多种教学方法和手段来实施。多进行课堂讨论、案例教学、情景式、体验式教学，对于体验项目，要合理引导，积极推进，培养学生的创新思维。探索实施课堂教学和网络教育有机结合的途径，实现线上、线下教学交叉的混合教学模式。专业教学要按照创业实践项目组织实践类课程。

比如，要求学生组成团队，成立一个财务公司，前期运用市场理论分析此公司成立的可行性，运用财务管理知识对此投资项目进行可行性分析和筹资渠道分析，运用成本分析的方法对企业降低成本费用的途径进行探讨。财务公司运营中会出现什么问题，如何解决？对此问题让学生将不同阶段的具体情况进行分析，提出解决策略，提高学生的创业实践能力。对学生的评价与考核，要根据不同内容，采用项目考核、口头测试、方案设计、课堂展示等多形式，体现对学生的创新意识和自我学习能力的考核。在教学管理上，要积极探索学分制和弹性管理，尽量满足不同学生的个性化需求。

（二）建设一支具有开拓创新意识的教学团队

进行创新创业教育，必须建设一支具有开拓意识的教学团队。首先，要定期组织会计专业教师进行创新创业理论的学习，通过培训，转变会计专业教师传统观念，树立以创新创业为核心的新观念，根据相关创业知识，找准结合点，从而设计创新创业项目。专业教师和创新创业教师进行集体备课，将课程项目重新进行整合。可以根据教师们的优势分为财务管理、成本分析、税收筹划等方面的研究团队。其次，鼓励专业教师到创业一线实习、兼职，熟悉市场运作，促使专业教师将专业理论知识的学习与创新创业活动连接起来，这样教师们在一起就能够进行创业或进行创业方面的研究和交流，积累创新创业方面的实际经验，为学生提供优质的实践指导。最后，在实战方面，一定要聘请有创业和管理经验的人员来学校，为学生带来创业、市场分析运营、财务分析、投资理财、企业管理等方面的最鲜活的案例和经验。

（三）通过搭建平台，开展创业实践

1. 在校内搭建创业平台

学校要亲自为学生搭建创业平台，由教师带领学生团队创业或者个人创业，如依托淘宝或学校搭建的创业平台，也可以以实体店的方式，或者在大学生孵化园内进行创业，通过自己创业来了解创业的流程和相关知识。教师需要对学生的创业过程进行指导和帮扶，对创业效果进行评价，通过分享创业体验等方式深化学习效果。

2. 课内和课外实践相互融合

课外的专业社团活动、寒暑假社会实践作为课堂活动的延伸，也是专业教育的重要组成部分，也必须融入创新创业教育。比如在社团中开展财务分析、纳税筹划、市场分析、运营管理等具体的活动，提高学生的组织和协调、创新和创业能力。所以我们要继续加大宣传组织全国大学生“互联网+”创新创业大赛的力度，以比赛为契机，鼓励同学们参与创新创业活动，加入创新创业的队伍。此外，学校还要给学生提供机会，让他们近距离接触企业家，切身感受先进的企业文化，推进课堂内外的融合渗透，使创新创业实践活动入脑、入心。

在会计专业建设中融入创新创业教育，是职业院校会计专业发展的契机和趋势。只有通过课程体系建设、创新创业师资队伍建设、创业平台的搭建和考核评价的改革，将创新创业教育真正渗透融合到会计专业教育中，才能有效促进高职会计专业的发展，促进学生的就业与创业。

第二节　人工智能技术背景下高职会计专业实践教学拓展和创新

近年来，人工智能在财务领域得到快速发展，同时也对传统会计从业人员带来了一定冲击。在这样的情况下，高职院校会计专业有必要积极推进实践教学改革，构建完善的实践教学体系，并针对会计专业实践教学中存在的问题提出相应的建议，明确高职会计人才培养方向，在原有基础上加入更多跨领域复合知识内容，促进学生的综合水平，提升对时代发展与市场需求的适应能力。

一、人工智能对会计从业人员的影响

近年来，云计算、大数据等信息化技术得到大力应用，以人工智能为基础的财务服务平台也得以构建。在平台运行过程中，将财务会计工作分为了基础核算、管理决策、信息技术三个类型。人工智能可以基于一种专家系统从事会计与审计工作，随着人工智能技术的普及，将会完全替代会计人员完成数据录入、账务处理、记录报告等基础核算会计工作，从而实现工作效率与准确率的提升，并将这部分人员从重复、机械的工作中解放出来。从另一个角度上来看，基础核算会计人员在人工智能背景下将面临巨大挑战，最终促使其向管理决策会计和信息技术会计转变。现阶段，社会各界对于人工智能背景下会计行业的变革给予了更多关注，为适应时代发展趋势，企业需要不断将相关技术互联网引入到会计核算和财务管理工作中，同时借助智能化财务软件来提升会计工作的及时性与高效性。由此可见，在人工智能背景下，财务会计需要更多参与到企业管理中的预测和决策环节中，同时加大力度发展管理决策会计和信息技术会计，这是财务会计人员价值体现的重要途径，也是大数据时代下会计行业发展的必然趋势。然而当前，具备管理素养以及信息技术操作能力的复合型会计人才仍十分稀缺，因此高职院校有必要积极推进会计专业教育改革，以实现其专业实践水平的不断提升。

二、人工智能背景下高职会计专业教学改革的实施路径

（一）推动理论教学向实训教学的转变

结合高职院校会计专业教学的现状，实际教学中仍存在“重理论、轻实践”的情况。例如，在实际工作岗位上，员工如果需要到财务部门进行报销，往往提供的是相应的原始凭证，而财务管理人员则需要结合专业经验进行处理。然而在实际教学中，教师大多会提出一段有关经济业务事项的描述，学生根据其中具体的采购项目、金额、支付情况完成会计分录，教师也完成了对相关知识内容的讲解。然而这样的教学形式大多没有以原始凭证为出发点，学生对发票不了解，将来进入工作岗位以后也不能及时根据原始凭证进行账务处理，从而导致各类问题的出现。面对这样的情况，高职院校应

充分认识到解决相关问题的重要性，进而实现由传统以会计要素为导向的理论教学向以经济业务为导向的实务教学的转变。通常情况下，高职院校可以实施校企合作，借助企业的力量推进会计实务教学，这不仅有助于帮助学生掌握更多的专业技能，还可以在人工智能背景下实现学生职业意识的提升。①

（二）强化校内校外实训基地建设

实训对高职院校会计专业教学的重要性不言而喻，为最大限度提升课程设置与岗位需求之间的适应性，高职院校应加大投入，完善校内与校外实践基地建设。特别是在人工智能背景下，高职院校还应注重对智能化、信息化技术的应用，以实现会计专业教学水平的提升。

在此过程中，高职院校应搭建相应的校内智能综合实训基地，在以往的教学过程中，学校大多以会计核算作为教学重点，在人工智能背景下，应对整体的教学模式加以完善，进而形成以核算为基础、以管理为核心、以技术为辅助的实训模式。具体来说，可以从以下几个方面入手：首先，在人工智能背景下，可以建立仿真模拟实训中心、智能财务共享中心等，进而以更加智能化的实训模式来取代传统的手工会计核算，给予学生更多参与智能化实训锻炼的机会，以实现其应用水平的提升。其次，将以会计技能为主的实训转变为以提升管理决策水平为目的的实训，在校内智能综合实训基地的建设下，学生可以参与到企业ERP管理中心、智能财务决策中心等的锻炼中，引导学生可以通过数据分析培养财务管控思维，在进入岗位后可以更多在企业经营管理决策中发挥出自身价值。值得注意的是，要保证做到不同实践平台落实不同的培养目标，以避免实践资源的浪费。最后，在人工智能不断发展的环境下，企业财务系统的运行对会计从业人员提出了更高的要求，除了要具备扎实的财务知识以外，还要具备计算机操作以及系统维护技能，进而实现财务管理系统的数据分析与个性化搭建。因此，高职院校在建立校内智能综合实训基地的时候还可以建立数据库以及大数据应用中心等，让学生在参与实训的同时不断强化信息技术应用，提升数据分析与应用能力，进而为促进会计专业转型升级奠定坚实的基础。

①张梦薇．人工智能背景下高职会计专业实践教学改革优化研究[J]．陕西教育（高教），2024（2）：72-74.

（三）推动智能化课程体系构建

在人工智能背景下，高职院校教学需要通过教学改革来提升其适应能力，从教学资源、课程实施、教学管理出发，强调对智能化、信息化技术的合理应用，帮助学生进一步了解、应用人工智能，进而促进其财务管理决策能力以及综合分析能力的提升。由此可见，高职院校通过课程体系改革来促进专业实践教学改革势在必行，具体可以从以下几个方面入手：第一，对传统会计课程进行调整。人工智能技术的发展对传统会计造成了一定冲击，同时伴随着支付方式的转变，可以删除一部分实用性不强的课程。与此同时，智能化设备的使用可以有效完成记账、结账、对账、编制报表等基础财务工作，因此在教学的时候，也可以适当减少基础会计、财务会计等专业课程，而财经法规等内容则可以与其他课程加以整合。第二，增加人工智能以及信息技术应用课程。在人工智能背景下，信息化技术的引入在很大程度上转变了人们的工作和学习方式，因此高职院校在设置会计专业课程的时候，可以在原有基础上增加人工智能、云会计等相关内容，从而提升学生对这部分内容的熟悉与了解程度。第三，强化专业课程的延伸。随着人工智能时代的到来，智能技术将会计从业人员从大部分基础核算类会计工作中解放出来，投入到更为复杂、非量化以及会随外部环境不断发展变化的工作当中。因此会计专业课程设置还可以加入财务分析、财务决策、财务控制的内容，这部分课程往往具有一定难度，进而促进学生高级财务管理能力的不断提升。第四，实现跨专业知识的拓展。人工智能时代对于复合型人才的需求不断提升，高职院校应树立“财务知识+”的人才培养意识，将更多有关于专业拓展与职业能力提升的课程融入会计专业教学，帮助学生在巩固会计基础知识的同时拓宽知识结构，为其职业转型提供助力。

（四）强化实践型教师队伍建设

《国家职业教育改革实施方案》中明确指出应提升教师的实践水平，为会计专业人才的培养作出贡献。高职院校在推进会计专业实践改革的过程中，应充分认识到教师队伍对学生培养的重要意义，进而在推动校企合作的同时强化教师培养，真正意义上打造出“实践型”“管理型”的双师教学团队。为提高教师参与教学实践的积极性，高职院校可以借助现有资源为教师提供更多参与企业实践的机会，不断促进其实践教学能力的提升，并以物质奖励来激发教师的工作热情。作为会计专业教师，除了要具备专业知识，还需要拥有在企业实践的经验，进而可以结合企业实际对人工智能背景下实践教学过程中存在的问题进行解答，将最新的实践经验传授给学生。除此以外，高职院校还可以通过专家讲座、技能竞赛等形式来锻炼教师的实践水平，为高职教师队伍建设提供保障。高职院校在开展会计专业教学改革的过程中，应充分认识到教师在课程、课堂、实训等环节的主导作用，同时在人工智能背景下，应进一步将信息化技术、多媒体技术引入到师资力量建设中，以确保可以更好地完成财务、税务、审计等方面问题的解决，并指导学生实现新型会计项目的实施。由此可见，构建专业化、高素质的“实践型”“管理型”的双师教学团队是高职会计专业发展的必然趋势，同时也是提升会计专业人才培养能力的根本要求。面对智能财务在企业财会领域的大力应用，高职院校教学也需要转变传统观念，鼓励专业教师不断提升技能水平、优化知识结构，同时将更多信息资源引入教学环节中，借助信息化教学手段来带动教师综合实践技能水平的提升。与此同时，高职院校还应进一步贯彻“产教融合”理念，依托行业企业来帮助专业教师开展专业实践锻炼，构建“1+1”学校企业带头机制来实现专业知识的巩固与实践技能的提升。通过校企联合培养的形式，高职院校会计专业教师的技能水平可以得到显著提升，同时学校还可以在现有基础上进一步强化高质量人才的引进力度，进而从两个角度出发来优化“实践型”“管理型”教师结构，带动其整体岗位职业技能水平的提升。

（五）引领会计专业服务地方经济

在人工智能背景下，社会发展与企业经营对会计专业人才的需求发生了相应的改变，面对这样的发展趋势，高职院校教育应以就业为重要目的，进而不断构建教育教学同技术应用有机结合的人才培养模式，注重提升学生的信息化应用水平。为实现学生专业学习的可持续发展，高职院校应强化学生的职业道德与法律意识，加强对会计核算、票据结算等会计基本技能的掌握，从而可以更加熟练地将相关专业知识应用于财务分析、财务管理、财务控制实践中，最终成为企业发展需要的高质量技术技能人才。会计专业教学的实施更加强调实践性，因此除了落实校内教学以及校外实训以外，高职院校还可以不断推动会计专业服务地方区域经济，使得学生可以在真正意义上将专业知识应用于实际。随着智能化、信息化技术的不断发展，会计领域与行业发展建立起越发紧密的联系。在这样的情况下，高职院校可以针对会计专业开展与行业服务有关的讲座，一方面，可以在开展讲座的同时将与会计有关的行业发展新内容介绍给学生，实现讲座与项目的有机结合。另一方面，学生在参与讲座的过程中还可以加深对教学内容以及专业课程设置的理解，并通过自主探究、小组合作等形式提升实践与探究能力。以旅游餐饮服务企业的会计核算为例，在人工智能背景下，移动结算已经成为会计行业的发展新趋势，作为与人们日常生活联系十分紧密的行业，旅游餐饮服务业也需要推动会计核算业务的转型升级。学生在参与实训实践的过程中可以深入到旅游餐饮服务的企业中，从而有效加深对相关典型业务内容和核算方法的了解，实现知识迁移。旅游餐饮服务业经营项目繁多，与人们的日常生活息息相关，而在信息技术水平的影响下，旅游餐饮服务业的会计业务形式也在不断创新与改变。这就要求高职教师在教学过程中应充分结合旅游餐饮服务企业的实际情况完成实训任务划分，从而更好地帮助学生探求认知规律、了解核算特点。

第三节　“双创”背景下高职院校会计专业实践教学拓展和创新

一、高职会计专业实践教学体系存在的问题

2015年5月，国务院下发《关于深化高等学校创新创业教育改革的实施意见》，指出深化高等学校创新创业教育改革，是国家实施创新驱动发展战略、促进经济提质增效升级的迫切需要，是推进高等教育综合改革、促进高校毕业生更高质量创业就业的重要举措。在此背景下，作为以就业为导向的职业教育办学主体，各高职院校对创新创业教育日益重视，通过校企合作创业学院、建立创新创业孵化基地、开设双创教育课程、举办创业训练营和创业大赛等多种方式，在创新创业教育方面进行了很多有益的尝试和探索，积累了一些成功经验。

（一）实践创新能力目标不突出

在落实会计专业人才培养方案的过程中，对于创新型人才培养目标的描述往往比较模糊，对于创新型会计人才这一培养目标的内涵解读不够，对于如何实现该目标缺乏系统设计。各实践课程或实践教学环节，对于实践创新能力培养的支撑作用不清晰、不明确，导致创新创业教育效果不理想，创新型人才培养目标难以实现。①

（二）实践教学内容与企业需求脱节

高职会计专业的传统实践教学以会计账务处理实操、会计电算化软件应用、成本计算、税费计算、财务报表编制等内容为主；教学情境所设计的会计核算主体通常为大型制造类企业。根据毕业生就业统计，90%以上的高职会计专业学生就业企业为中、小、微企业，行业面向主要为商品流通业和服务业。同时，随着信息化技术的迅猛发展和云计算手段的普及应用，财务、税务、金融等平台逐步实现互联互通，传统会计工作中最重要的核算和报税业务，利用智能化、信息化手段可以完成绝大部分工作，将财务人员从日常繁重的重复性工作中解放出来。与此同时，企业对财务人员的岗位需求逐渐转变为数据分析、计划预算、成本控制、纳税筹划、利润规划、风险评估等。目前高职院校会计专业的实践教学内容与企业实际需求显然还有很大差距。

（三）实践教学模式不利于创新创业能力培养

高职院校会计专业实践教学环节，近年来普遍开展了项目驱动、任务导向、情境教学、角色扮演等多种形式的教学模式改革，但在实际课堂教学组织过程中，“教师讲解演示—学生模仿操作—教师纠错答疑—学生强化训练”的以教师为主导的教学场景屡见不鲜，不利于激发学生自主探究的好奇心，不利于培养批判性思维和发散性思维，创新精神和创新思维的培养目标难以实现。另外，由于行业特殊性，会计专业实践教学环节以虚拟仿真实训为主，学生难以接触真实的企业业务，无法建立对真实企业和市场的认知，不利于开展创业教育和创业实践。

①丁宁，贲志红．浅析双创背景下高职院校“区块链+金融专业”实践教学改革[J]．理论观察，2021（6）：162-164.

二、重构与“双创”教育相融合的会计专业实践教学创新

（一）融入创新创业教育，突出实践创新目标

高职会计专业的人才培养，必须摒弃一味强调按照会计相关法规完成企业核算和监督职能的传统理念，必须更加重视学生实践创新能力的培养，才能适应企业对“管理型”会计人才的迫切需求。因此对人才培养目标的定位，应更加突出创新能力目标，并按照知识、技能、素质目标三个层次进行详细分解。实践教学体系应紧紧围绕人才培养目标定位，在专业实践教学环节中落实创新创业教育要求。

（二）对接行业前沿技术，更新实践教学内容

高职会计专业应及时跟踪“大智移云”时代会计行业的新业态、新技术，及时了解企业财务岗位设置、岗位要求、业务模式、工作流程等方面的新变化，结合创新创业教育内容，新增或加强三个方面的实践教学内容：一是初创企业模拟实践，包括工商注册登记、银行开户、网上办税注册、小企业财务制度设计、小微企业纳税筹划等内容；二是管理会计实践教学，包括成本与资金预测、本量利分析、经营决策、全面预算实训等；三是信息化技术应用，包括云会计软件应用、大数据分析、电子商务实训等。

（三）推动校企深度融合，创新实践教学模式

持续推动产教融合、校企合作的深入开展，是打破高职会计专业改革瓶颈的重要途径。通过校企合作建立校内“代账工厂”等生产性实训基地引入企业真实业务，让学生真正为企业开展服务，在完成“虚拟仿真”实训的基础上实现“真账真做”。通过实践教学模式改革，学生在校内即可以接触真实企业财务，进而全面了解企业经营、感知各行各业。现实中的企业业务千差万别，有利于培养学生独立思考、发现问题、解决问题、创新思维等能力，也为有创业梦想的大学生积累经营经验提供了良好的平台。同时在教学组织过程中，科学运用体验式、探究式、案例式等以学生为中心的教学方法，使实践创新能力培养融入人才培养全过程。

（四）“双创”融合的实践教学体系构建

基于上述分析，将创新创业教育与专业教育紧密结合，构建高职会计专业的实践教学体系。其基本架构如下图5-1所示。

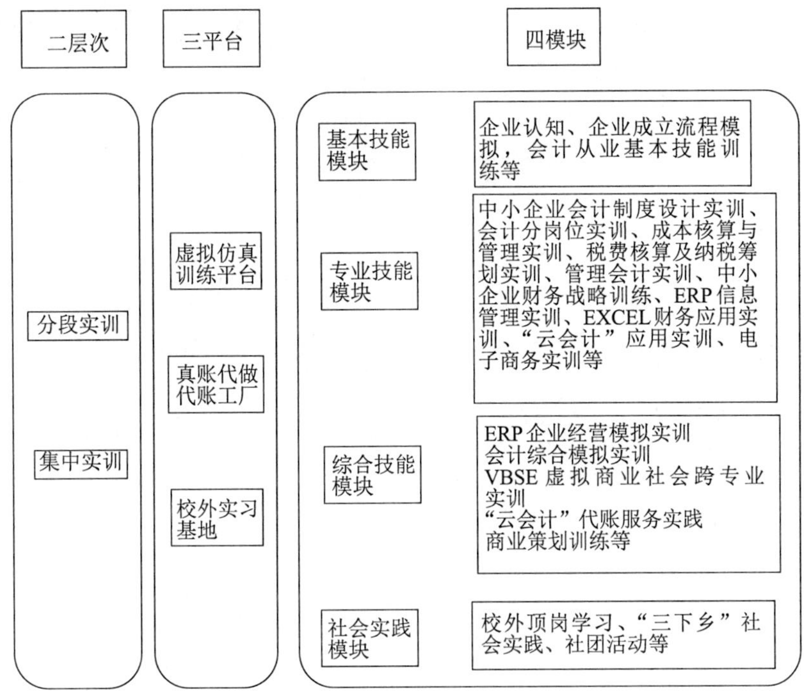

图5-1　高职会计专业的实践教学体系架构

第四节　高职会计专业智慧化实践教学质量评价体系构建

一、会计专业智慧化实践课程教学质量评价体系的构建

为了构建合理的会计专业实践课程教学质量评价，笔者针对会计专业的特点，遵循科学、全面和系统性原则，通过对其他职业院校的调查和同行的交流，采用问卷调查的方式，结合实践课程教学质量评价存在的问题，构建会计专业智慧化实践课程教学质量评价体系。①

①谭丹凤．高职院校会计专业智慧化实践课程教学质量评价体系构建及应用研究[J]．经济师，2021（10）：231-233．

（一）会计专业智慧化实践教学质量评价指标构建

会计专业智慧化实践教学应该以实践教学培养目标为依据，围绕教学培养目标、教学实施过程、教学保障体系和教学效果反馈四个方面来展开评价。因此，会计专业实践教学质量体系指标分为四个一级指标，分别为实践教学培养目标、实践教学实施过程、实践教学保障体系、实践教学效果反馈，每一个一级指标下面再设若干二级指标（见表5-1）

表5-1　会计专业智慧化实践教学质量评价体系

一级指标	二级指标	
实践教学培养目标	1	实践目标
	2	课程设置
	3	课时分配
实践教学实施过程	4	课前准备
	5	教学方法
	6	教学内容
	7	教学成果
实践教学保障体系	8	教学环境
	9	教学硬件
	10	师资团队
实践教学效果反馈	11	教学秩序
	12	技能认证
	13	就业比率

（二）会计专业智慧化实践教学质量评价指标说明

在表5-1中，实践教学培养目标包括3个二级指标。实践目标主要是指实践课程开设是否符合人才培养目标和人才培养方案的要求，以及实践课程教学目标是否明确，是否与人才培养目标一致，并能根据不同基础的学生稍作调整。课程设置和课时分配主要是指实践教学的课程设置是否体现梯次培养和分层次培养的要求，实践教学的时间分配能否在不同梯次和层级的学生之间进行动态分配。

实践教学实施过程包括四个二级指标。课前准备通常是指授课教师课前是否准备了相关的教学资料，比如教案、授课课件等资料，但是授课教师并没有针对不同班级的学生做课前调查，因此准备的资料没有针对性。智慧化实践教学对授课教师提出了更高的要求，教师在上课之前要做到“知己知彼”，而借助智能化的分析软件，可以对学生做课前评估，让教师更了解不同班级的学生，以便实现个性化教学。教学方法和教学内容是实践教学质量评价的重要部分，智慧化实践教学要求教学方法是“千人千面”的，能够根据课前的评估分析对教学内容做调整并采取不同的教学方法。教学成果是实践教学的结果性评价，智慧化实践教学允许不同梯次和层级的学生达成不一样的学习效果，通过智能检测实践成果符合当初的实践教学目标，即认为此次实践教学是合格的。

实践教学保障体系包括3个二级指标。教学环境主要是指校内的实训环境和校外的实践基地。校内实训要求能根据不同的实训内容分配不同的实习场所，保证实习场所的安全、干净和整洁。校外的实践基地是指与学校有稳定的合作关系的企事业单位，能够为不同梯次和层级的学生提供“真材实料”的实习体验，并能动态记录和检测学生的实习成果，对学生的实习结果负责。教学硬件是指开展校内和校外实践必备的教学设备和仪器。校外实践基地正常经营通常具备学生实践所需要的仪器和设备，而校内实训由于条件的限制，仪器设备并不全面或者不能及时更新。会计专业智慧化实践教学对教学硬件会提出更高的要求，除了必备的计算机和相关实习操作软件，还要求能够提供全仿真的实习设备，例如利用相关的“VR”或“AR”穿戴设备，能真实模拟企业场景，让学生体会“身临其境”的感觉，为校外实践做更好的心理准备和知识储备。师资团队是开展实践教学的主体，智慧化实践教学的师资团队应该包括实训场地、设备管理维护人员、授课教师、实践教学监察员等相关的人员，同时授课教师要突出“双师型”教师的比重和企业兼职导师等细化指标。这样的师资团队能够为实践教学的顺利展开和实践教学目标的实现提供保障，当然这样的师资团队是建立在智能化设备管理和紧密协作基础上的。

实践教学效果反馈包括3个二级指标。教学秩序是教学效果的直观反映，学生良好的学习氛围，保持干净整洁的学习环境等都是教学秩序的体现。技能认证作为实践教学效果的二级指标，主要是指专业资格证书的认证、专业技能的认证和企业的技能认证。学生经过一段时间的实践学习，依据智慧化学习管理软件对学生的学习情况进行评估，并能够提供与之相匹配的技能认证建议，最后学生参加技能认证考核，考核的结果可以作为实践教学效果的反馈依据。就业比率可以分为毛就业率和专业对口就业率，就业率的高低和企业对毕业学生的满意度可以作为实践教学的最终效果的反映，专业对口的就业率更能体现高职院校人才培养的情况。

（三）会计专业智慧化实践教学质量评价指标权重

会计专业实践教学的主体是教师和学生，智慧化实践教学质量评价指标的构建主要采用定量和定性相结合、定量为主的方法。为了使会计专业智慧化实践教学质量评价更具有可操作性，需要对每一个指标赋予一定的权重和分值，通过打分的方式使实践教学质量评价更为直观和具体。

为了使每个指标的权重和分值分配更为合理，我们采用了专家问卷调查的方式，邀请相关的专家、实践教学教师、实践教学管理人员等对上述指标进行打分评价。通过对问卷调查情况进行整理分析和归一化处理后得到每个指标的权重分布，再根据权重分布情况给每一个指标计算分值，最后对分值四舍五入取整，得到的结果如表5-2所示。

表5-2中，实践教学实施过程的权重最高，为0.46，也就意味着教学实施过程对实践教学质量影响最大，其对应的教学内容、教学方法以及课前准备的分值也是最高的。在其他三个一级指标中，实践教学保障体系也占有0.14的权重，其对应的二级指标教学硬件分值为9分，说明教学硬件对实践教学质量的影响也非常大，教学硬件的好坏对实践教学实施有着直接的影响。另外，课程设置、教学成果和师资团队的分值都有8分，说明实践教学课程设置是否与学生匹配，师资团队是否合理，以及教学成果是否达成都会对实践教学质量的评价产生重要影响。表5-2的结果也反映出要提高会计专业智慧化实践教学质量，需要明确的培养目标、严谨的实施过程、充分的保障体系和良好的反馈手段。

表5-2 会计专业智慧化实践教学质量评价指标分值

一级指标	二级指标		权重	分值（100）
实践教学培养目标（0.186）	1	实践目标	0.365	6
	2	课程设置	0.436	8
	3	课时分配	0.199	4
实践教学实施过程（0.46）	4	课前准备	0.1	10
	5	教学方法	0.84	13
	6	教学内容	0.3	15
	7	教学成果	0.18	8
实践教学保障体系（0.14）	8	教学环境	0.168	4
	9	教学硬件	0.446	9
	10	师资团队	0.386	8
实践教学效果反馈（0.138）	11	教学秩序	0.36	3
	12	技能认证	0.51	8
	13	就业比率	0.5	4

二、会计专业智慧化实践课程评价个案应用分析

为了客观地对湖南财经工业职业技术学院实践课程教学质量进行评价，我们以会计专业为例，选取了会计专业综合实践课程为个案进行研究分析。会计专业综合实践课程平台采用的是某网络科技有限公司提供的专业实训平台，训练的内容主要包括三个模块：专业基本技能、岗位核心技能和岗位拓展技能。专业基本技能包括职业基本素养、支票填写、发票填制等相关原始单据的填写等内容；岗位核心技能主要是给出不同行业某家公司的基本资料和业务单据，要求学生根据业务描述和相关单据填制记账凭证、登记查看账簿和编制报表；岗位拓展技能包括企业财税一体化设计、企业内部控制设计、税务筹划、财务管理、审计报告等相关内容的考核。学生经过一段时间

的平台训练后，最终要通过省专业技能抽考，本实践课程才考核通过。

在收集会计专业综合实践课程教学人才培养计划、教学大纲、授课计划、教案、实验设备使用记录、技能抽查通过率等相关资料的同时，对使用本平台的学生发放电子调查问卷。再根据前文得出的实践教学质量评价体系，对会计专业综合实践进行测评，参照前文的评价指标，根据相关内容进行打分，最后得分情况如表5-3所示。

从表5-3的得分情况来看，会计专业综合实践课程教学质量评价可以打80分，合格率为80%，院级技能抽查考核该课程的教学合格率为100%。对于教学内容指标，得分为12分，85.59%的同学是认可老师的教学内容安排的。教学方法指标得分为10分，问卷调查的结果显示只有58.76%的同学对老师的教学方法满意，认为老师的教学方法一般的占比39.69%。

另外，调查结果显示学生对该课程设置认为非常合理的占比29.71%，有61.86%的学生认为课程设置基本合理，8.43%的学生认为不合理。对于该学习平台的调查，还有94%的同学认为该平台能智能分析学习情况，提供合理的学习建议，有97%的同学认为该实训平台能满足学习的需求。同时，有90%的同学认为实训老师能及时根据训练情况提出个性化评价和实习建议，反馈较为及时。通过以上的分析我们知道，对会计专业综合实践课程进行教学质量评价，基本情况是比较满意的，但是也存在一些问题需要引起我们重视。

表5-3　会计专业综合实践教学质量评价结果

一级指标	二级指标		分值	得分
实践教学培养目标	1	实践目标	7	6
	2	课程设置	8	7
	3	课时分配	4	3
实践教学实施过程	4	课前准备	10	8
	5	教学方法	13	10
	6	教学内容	15	12

续表

一级指标	二级指标		分值	得分
实践教学保障体系	7	教学成果	8	6
	8	教学环境	4	4
	9	教学硬件	9	7
	10	师资团队	8	6
实践教学效果反馈	11	教学秩序	3	2
	12	技能认证	7	6
	13	就业比率	4	3
合计			100	80

与传统理论课程教学评价不同，实践课程教学质量的评价涉及的面更广阔，评价的主体、方式和重点也必然要有所区别。本文以湖南财经工业职业技术学院的会计专业为例，从会计专业实践教学的现状出发分析实践课程设置和实践课程考核的情况，再分析实践课程评价存在的4个方面的问题，通过同行交流和问卷调查的方式构建了会计专业智慧化实践教学质量评价体系。需要说明的是，这个质量评价体系从4个方面和13个角度提出如何针对实践课程教学质量进行评价，在针对具体不同的实践课程进行评价时，评价角度可以适当替换和更改，以便更符合实际情况。我们最后以构建的评价体系对会计专业综合实践课程进行教学质量评价，发现该课程教学总体情况令人满意，但还是可以从各个指标的得分情况找出需要改进和提升的地方。因此，实践课程教学质量评价体系的构建对于该院实践教学改革、创新和转型还是很有必要的，以此为该院会计专业和其他专业的实践教学改革提供借鉴和参考。

参考文献

[1] 丁宁，贲志红. 浅析双创背景下高职院校“区块链+金融专业”实践教学改革[J]. 理论观察，2021（6）：162-164.

[2] 郭瑞敏. 互联网大数据时代会计教育教学改革路径解析[J]. 经济师，2024（4）：186-188.

[3] 姬燕燕. 论大数据时代对会计和审计的影响[D]. 北京：对外经济贸易大学，2015.

[4] 李海霞，崔丹. 大数据时代会计考核评价体系及教学团队建设[J]. 财会学习，2021（19）：178-179.

[5] 李娜. 大数据时代会计专业人才培养模式研究[J]. 中国农业会计，2024，34（7）：27-29.

[6] 刘敏. 会计专业融合大数据的课程体系构建研究[J]. 上海商业，2022（1）：168-169.

[7] 罗勇作. 大数据科学技术研究[M]. 北京：中国纺织出版社，2024.

[8] 马亚平. 大数据时代高职院校会计专业人才培养路径研究[J]. 中国乡镇企业会计，2023（6）：184-186.

[9] 倪萍. 大数据背景下高职会计专业教学改革研究[J]. 老字号品牌营销，2024（19）：201-203.

[10] 谭丹凤. 高职院校会计专业智慧化实践课程教学质量评价体系构建及应用研究[J]. 经济师，2021（10）：231-233.

[11] 谭玲. 论“以赛促学”教学模式下高职院校会计专业竞赛体系的构建[J]. 经济师，2022（7）：190-191.

[12] 陶芊. 大数据时代会计工作转型的思考[J]. 现代营销（上旬刊），2023（11）：89-91.

[13] 万鑫. 浅析大数据时代对审计工作的影响[J]. 中国管理信息化，2021，24（15）：68-69.

[14] 王刚. 大数据管理与应用[M]. 北京：机械工业出版社，2024.

[15] 王彤.大数据背景下高职会计专业教学资源库建设研究[J].财经界，2024（2）：72-74.

[16] 王小红，徐焕章.大数据时代下会计人才培养模式研究[J].会计之友，2021（16）：119-125.

[17] 韦自静.高职会计专业校企合作项目的实施与评价[D].青岛：青岛大学，2017.

[18] 夏红雨，刘艳云.大数据时代对会计基本认识的影响探讨[J].商业会计，2016（14）：17-20.

[19] 许驰，武志勇.大数据时代高校会计专业人才培养模式创新研究[J].经济研究导刊，2023（10）：105-107.

[20] 杨玉微.大数据时代对企业管理会计的影响与作用研究[J].老字号品牌营销，2023（10）：154-156.

[21] 余为凤.大数据背景下会计专业人才培养的探索[J].中国管理信息化，2021，24（24）：219-220.

[22] 张博.大数据时代背景下大数据与会计专业教学改革研究[J].中国农业会计，2024，34（8）：112-114.

[23] 张海艳.产教融合背景下大数据与会计专业实践教学研究[J].天津职业院校联合学报，2024，26（8）：33-37.

[24] 张利民.大数据时代对企业财务会计的影响[J].商场现代化，2022（7）：121-123.

[25] 张梦薇.人工智能背景下高职会计专业实践教学改革优化研究[J].陕西教育（高教），2024（2）：72-74.

[26] 张伟，高杨，冯健.大数据应用研究[M].成都：四川大学出版社，2023.

[27] 赵敏.互联网大数据时代对会计工作的影响[J].河北企业，2017，（3）：30-31.

[28] 朱扬勇.大数据技术[M].上海：上海科学技术出版社，2023.